BIBLIOTHÈQUE
DE L'ÉCOLE
DES HAUTES ÉTUDES

PUBLIÉE SOUS LES AUSPICES

DU MINISTÈRE DE L'INSTRUCTION PUBLIQUE

SCIENCES HISTORIQUES ET PHILOLOGIQUES

DEUX CENT QUARANTE-CINQUIÈME FASCICULE

VIJÑAPTIMĀTRATĀSIDDHI

DEUX TRAITÉS DE VASUBANDHU : VIMŚATIKĀ ET TRIMŚIKĀ

PUBLIÉS PAR

SYLVAIN LÉVI

DIRECTEUR D'ÉTUDES A L'ÉCOLE DES HAUTES ÉTUDES

PARIS

LIBRAIRIE ANCIENNE HONORÉ CHAMPION

5, QUAI MALAQUAIS

1925

Tous droits réservés.

BIBLIOTHÈQUE

DE

L'ÉCOLE DES HAUTES ÉTUDES

PUBLIÉE SOUS LES AUSPICES

DU MINISTÈRE DE L'INSTRUCTION PUBLIQUE

SECTION DES SCIENCES HISTORIQUES ET PHILOLOGIQUES

LISTE DES FASCICULES PARUS

De l'origine (1869) à 1925

(Les prix sont majorés de 100 °/₀ jusqu'au fascicule 212).

1. La stratification du langage, par Max Müller, traduit par M. Havet. — La chronologie dans la formation des langues indo-germaniques, par George Curtius, trad. par M. Bergaigne. (Epuisé.) 10 fr.
2. Etudes sur les Pagi de la Gaule, par Auguste Longnon. 1ʳᵉ partie : l'Astenois, le Boulonnais et le Ternois. Avec 2 cartes. (Epuisé.)
3. Notes critiques sur Colluthus, par Edouard Tournier.   6 fr.
4. Nouvel essai sur la formation du pluriel brisé en arabe, par Stanislas Guyard. (Epuisé.)
5. Anciens glossaires romans, corrigés et expliqués, par Frédéric Diez. Trad. par Alf. Bauer. 4 fr. 75
6. Des formes de la conjugaison en égyptien antique, en démotique et en copte, par G. Maspero. (Epuisé)   20 fr.
7. La vie de saint Alexis. Poème du xıᵉ siècle, et renouvellements des xııᵉ, xıııᵉ et xıvᵉ siècles, publiés avec préface, variantes, notes et glossaire par Gaston Paris et L. Pannier. (Epuisé.)
8. Etudes critiques sur les sources de l'histoire mérovingienne, par Gabriel Monod et par les membres de la Conférence d'histoire. 1ʳᵉ partie. Introduction. Grégoire de Tours, Marius d'Avenches, par Gabriel Monod.   6 fr.
9. Le Bhâminî-Vilâsa. Recueil de sentences du pandit Djagannâtha. Texte sanscrit publié pour la première fois en entier avec une traduction et des notes par Abel Bergaigne.   12 fr.
10. Exercices critiques de la conférence de philologie grecque (1ᵉʳ août 1872-1ᵉʳ août 1875). Recueillis et rédigés par E. Tournier.   10 fr.
11. Etudes sur les Pagi de la Gaule, par Auguste Longnon. 2ᵉ partie : Les Pagi du diocèse de Reims. Avec 4 cartes.   7 fr. 50
12. Du genre épistolaire chez les anciens Egyptiens de l'époque pharaonique, par G. Maspero. (Epuisé.)
13. La procédure de la Lex Salica. — Etude sur le droit Frank. — La *fidejussio* dans le droit Frank. — Les *Sacebarons*. — La *Glosse malbergique*. — *Barbarus*, etc. — *Tacit.* Germ. c. 13. Par R. Sohm, traduit et annoté par Marcel Thévenin.   7 fr.
14. Itinéraire des Dix-mille. Etude topographique, par Félix Robiou. Avec 3 cartes. (Epuisé.)
15. Etude sur Pline le Jeune, par Th. Mommsen, traduit par C. Morel. (Epuisé.)
16. Du C dans les langues romanes, par Charles Joret.   12 fr.
17. Cicéron. Epistolæ ad Familiares. Notice sur un manuscrit du xııᵉ siècle, par Charles Thurot, membre de l'Institut.   3 fr.
18. Etude sur les Comtes et Vicomtes de Limoges antérieurs à l'an 1000, par Robert de Lasteyrie 5 fr.
19. Traité de la formation des mots composés dans la langue française, par Arsène Darmesteter. Deuxième édition, revue, corrigée et en partie refondue.   12 fr.
20. Quintilien Institution oratoire, collation d'un manuscrit du xᵉ siècle, par Emile Chatelain et Jules Le Coultre.   4 fr.
21. Hymne à Ammon-Ra des papyrus égyptiens du musée de Boulaq, traduit et commenté par Eugène Grébaut.   22 fr.
22. Pleurs de Philippe, poème en vers politiques de Philippe le Solitaire, publié dans le texte pour la première fois d'après six mss. de la Bibl. nat., par l'abbé Emmanuel Auvray.   3 fr. 75.
23. Haurvatât et Ameretât. Essai sur la mythologie de l'Avesta, par James Darmesteter.   4 fr.
24. Précis de la déclinaison latine, par M. François Bücheler, traduit de l'allemand par L. Havet, enrichi d'additions communiquées par l'auteur, avec une préface du traducteur. (Epuisé.)
25. Anîs el-'Ochchâq, traité des termes figurés relatifs à la description de la beauté, par Cheret Eddin Râmi, traduit du persan et annoté par Clément Huart.   5 fr. 50.
26. Des Tables Eugubines. Texte, traduction et commentaire, avec une grammaire et une introduction historique, par Michel Bréal. Accompagné d'un album in-fol. de 13 pl.   30 fr.
27. Questions homériques. I. Fragments de mythologie pélasgique conservés dans l'*Iliade*. — II. Géographie de l'Asie-Mineure au temps de la guerre de Troie. — III. Institutions et coutumes de la Grèce, aux temps héroïques, comparées à celles des divers peuples aryens, par Félix Robiou. Avec 3 cartes.   6 fr.
28. Matériaux pour servir à l'histoire de la philosophie de l'Inde, par P. Regnaud. 1ʳᵉ partie.   9 fr.
29. Ormazd et Ahriman, leurs origines et leur histoire, par James Darmesteter. (Epuisé. Il reste quelques exemplaires sur papier fort.)   25 fr.
30. Les métaux dans les inscriptions égyptiennes, par C. R. Lepsius, trad. par W. Berend, avec des additions de l'auteur, accompagné de 2 pl. Volume in-4.   12 fr.
31. Histoire de la ville de Saint-Omer et de ses institutions jusqu'au xıvᵉ siècle, par A. Giry.
32. Essai sur le règne de Trajan, par C. de la Berge.

BIBLIOTHÈQUE

DE

L'ÉCOLE DES HAUTES ÉTUDES

BIBLIOTHÈQUE

DE

L'ÉCOLE DES HAUTES ÉTUDES

PUBLIÉE SOUS LES AUSPICES

DU MINISTÈRE DE L'INSTRUCTION PUBLIQUE

SCIENCES HISTORIQUES ET PHILOLOGIQUES

DEUX CENT QUARANTE-CINQUIÈME FASCICULE

VIJÑAPTIMĀTRATĀSIDDHI

DEUX TRAITÉS DE VASUBANDHU : VIMŚATIKĀ ET TRIMŚIKĀ

PUBLIÉS PAR

SYLVAIN LÉVI

DIRECTEUR D'ÉTUDES À L'ÉCOLE DES HAUTES ÉTUDES

PARIS

LIBRAIRIE ANCIENNE HONORÉ CHAMPION

5, QUAI MALAQUAIS

1925

VIJÑAPTIMĀTRATĀSIDDHI

DEUX TRAITÉS DE VASUBANDHU

VIMŚATIKĀ (*LA VINGTAINE*)

ACCOMPAGNÉE D'UNE EXPLICATION EN PROSE

ET

TRIMŚIKĀ (*LA TRENTAINE*)

AVEC LE COMMENTAIRE DE STHIRAMATI

ORIGINAL SANSCRIT PUBLIÉ POUR LA PREMIÈRE FOIS
D'APRÈS DES MANUSCRITS RAPPORTÉS DU NÉPAL

PAR

SYLVAIN LÉVI

PROFESSEUR AU COLLÈGE DE FRANCE
DIRECTEUR D'ÉTUDES À L'ÉCOLE DES HAUTES ÉTUDES

1RE PARTIE. — TEXTE

PARIS

LIBRAIRIE ANCIENNE HONORÉ CHAMPION

5, QUAI MALAQUAIS

1925

Cet ouvrage forme le fascicule 245e de la Bibliothèque
de l'École des Hautes Études

आचार्यवसुबन्धुप्रणीतं

विज्ञप्तिमात्रतासिद्धि-

प्रकरणद्वयं

विंशतिकाकारिका:

सवृत्तिका:

अथ च

त्रिंशिकाकारिका:

स्थिरमतिविरचितभाष्यसहिता:

हे मां रक्त! शर्म भवितुमस्माकमर्हसीति
पुनः पुनर्विद्यार्थिभिरभियाचितत्वाद्
यो हेमराजशर्मनामधेयं लेभे
तस्मै राजगुरुपदालंकृताय
विद्वद्वराय मित्रश्रेष्ठाय
तत्प्रसादादर्जितं प्रकरणाद्वयम्
अप्रकाशितपूर्वम्
उपहारीक्रियते

INTRODUCTION.

Les deux traités de Vasubandhu que j'ai la bonne fortune de publier pour la première fois dans leur texte original constituent l'exposé classique du système Vijñānamātra ou Vijñaptimātra, «pure idéation» ou «pure idéification», le système le plus florissant encore aujourd'hui dans les écoles bouddhistes du Tibet, de la Chine et du Japon. Dans l'introduction qui doit accompagner la traduction (j'espère bien la publier au cours de cette année), je me propose de donner des informations détaillées sur ces deux traités, sur leur auteur, sur la littérature des commentaires et sur le développement du système. Je me bornerai ici à décrire les manuscrits qui ont servi de base à mon édition, et à rapporter les circonstances singulières qui m'ont valu d'en disposer.

La bienveillance, depuis longtemps éprouvée, du Mahārāja Chandra Shamsher Jang m'a permis de visiter le Népal pour la seconde fois en 1922 et d'y séjourner quatre mois (24 mars-24 juillet). Pendant ce long séjour, où j'ai joui d'une hospitalité fastueuse autant que cordiale, j'ai pu reprendre à loisir, dans les conditions les plus favorables, la recherche des inscriptions et des manuscrits anciens à laquelle je m'étais entraîné déjà, lors de ma première visite, en 1898 (janvier-mars). Depuis ce temps lointain le Népal, comme le reste du monde, a beaucoup changé. Un collège, qui porte le nom de l'adhirāja accolé au nom du mahārāja, le Collège Tribhuvana-Chandra a été édifié sur le bord de l'étang Rāṇī-pokhrī; la jeunesse Gourkha y reçoit l'enseignement secondaire qui la prépare à s'immatriculer dans les Universités de l'Inde Britannique, en attendant le jour escompté où le Népal aura son Université nationale. Une dépendance du Collège abrite la Bibliothèque du Gouvernement où se trouve réunie la plus belle collection d'anciens manuscrits sanscrits qui

soit au monde. Le climat du Népal, plus clément que le ciel de
l'Inde, a respecté la fibre délicate des *tālapatra,* ces feuillets
découpés dans les feuilles du palmier, qui de toute antiquité ont
été pour l'Inde ce que les papyrus étaient pour l'Égypte. Des tāla-
patra du viiie, du ixe siècle ne sont pas une extraordinaire rareté
au Népal; j'ai pu voir et manier, au cours de mon séjour dans
l'heureuse vallée, nombre de manuscrits écrits en caractères du
type Gupta; un des aides de cuisine m'apporta, la veille même
de mon départ, un magnifique feuillet de tālapatra écrit en
lettres Gupta qu'il avait extrait d'un manuscrit conservé dans sa
famille. Un Névar instruit m'a communiqué une liasse stupé-
fiante de documents juridiques, ventes, locations de champs,
de maisons, de boutiques, qui s'échelonnaient sur une durée
de dix siècles à partir du 1er siècle de l'ère Névari (880 A. D.),
tous tracés sur des feuilles de palmier, tous cachetés du sceau
royal : un trésor sans rival dans l'Inde entière, surpassé seule-
ment par les trouvailles de l'Asie Centrale. Le plus cruel est de
penser que l'ignorance, le fanatisme, la crainte conspirent pour
faire disparaître ces restes si précieux. Leurs détenteurs les dissi-
mulent dans les recoins les plus abjects, les plus obscurs de
leurs demeures dont ils ont fermé jalousement les portes; plutôt
que de les recéder contre espèces sonnantes aux agents de la Bi-
bliothèque du Gouvernement ou des collectionneurs privés, ils
préfèrent les brûler ou mieux encore les jeter à l'eau courante,
seule tombe vraiment digne d'un pareil dépôt.

La Bibliothèque du Gouvernement est placée sous le contrôle
d'un savant admirable qui exerce les hautes fonctions de Rāj-Guru
«directeur spirituel du royaume», «Sa Sainteté» (comme on
l'appelle) Hemrāj Śarman. Issu d'une famille originaire du Kan-
gra, formé aux écoles de Bénarès, il possède une maîtrise éblouis-
sante du sanscrit; versé par profession dans la théologie, fami-
lier avec toutes les finesses et les subtilités de la science
grammaticale, il joint à l'érudition d'un pandit le sens aigu des
réalités et des affaires publiques. J'aurai à tracer ailleurs le por-
trait de cette personnalité vigoureuse; mais ici je dois lui expri-
mer ma reconnaissance pour le concours qu'il n'a jamais cessé
de me prêter et qui ne s'est point ralenti depuis mon départ du
Népal. C'est à lui que je dois la découverte de mes deux textes.

Nous avions deux fois par semaine, à la Bibliothèque du Gouver-
nement, des séances académiques que le troisième fils du mahā-
rāja, le Général Kaisar Shamsher, honorait de sa présence. Le
Rāj-Guru y apportait les manuscrits les plus rares de sa collec-
tion personnelle que je ne pouvais être admis à visiter chez lui;
l'opinion publique eût été scandalisée de voir un *mleccha,* un
étranger barbare, profaner le foyer d'un aussi saint personnage.
C'est dans une de nos premières séances que j'eus l'émotion de
reconnaître, parmi les feuillets étalés, un manuscrit d'aspect
ancien qui s'achevait sur cette indication : *trimśikā vijñapti bhā-
ṣyaṁ samāptaṁ* || *kṛtir ācārya Sthiramateḥ.* Le nom de Sthiramati
garantissait d'avance que la Trimśikā commentée par lui était
bien l'œuvre classique de son maître Vasubandhu. Pour m'en
convaincre, je n'eus qu'à me reporter au Tandjour tibétain, dont
la Bibliothèque possédait une collection complète; le commen-
taire de Sthiramati y est traduit dans la section Mdo, au vo-
lume 58, p. 60^b-92^a. L'identité du texte était établie. J'en
préparai aussitôt une copie destinée à l'impression, susceptible
d'être utilisée, à mon défaut, par tout autre indianiste.

Malheureusement le texte retrouvé était incomplet; par un
privilège assez rare, il n'était mutilé ni du commencement ni de
la fin; mais par un accident singulier il était tronqué du milieu.
La pagination déguisait la lacune au premier examen, les
14 feuillets se suivaient en ordre continu. Mais la lecture révélait
une solution de continuité entre la feuille 6 et la feuille 7.
La comparaison de la version tibétaine montrait que la lacune
était presque égale en étendue à la partie conservée, et les feuillets
manquants devaient contenir les définitions précises des cent
dharma qui ont si souvent embarrassé les interprètes. Pour
combler tant bien que mal cette douloureuse lacune, je me dé-
cidai à en restaurer le texte sanscrit d'après la version tibétaine,
assuré contre les écarts excessifs par la fidélité littérale des tra-
ducteurs tibétains.

L'été dernier, quand j'avais déjà remis à l'imprimeur ma
copie du texte, un hasard qui tient du prodige rendit heureuse-
ment vain ce travail de restauration. Le Rāj-Guru qui n'avait pas
cessé depuis mon départ de poursuivre la recherche des anciens
manuscrits et de me signaler les trouvailles de valeur, par une

lettre datée du 24 février 1924, m'annonçait entre autres la découverte suivante :

Viṁśatikābhāṣyam (Vijñaptimātratāsiddhiḥ) Ācārya Vasubandhukṛtam ādimadhyakhaṇḍitaṁ Nevārākṣaralikhitaṁ, tālapatrāṇi 2-27 (madhye truṭiḥ 20-26) = 19. Antavākyam : «Buddhānāṁ hi bhagavatāṁ sarvaprakāragocaraḥ sarvākārasarvajñeyajñānāvighātād iti. Viṁśatikāvijñaptimātratāsiddhiḥ kṛtir iyam ācārya Vasubandhoḥ granthamāṇam asya bhāṣyasya 760.» Vijñānavādaviṣayakakārikāvyākhyānarūpam idam madhye madhye kārikāpratīkoddhāro dṛśyate.

J'ai cité tout ce passage pour prouver avec quel soin rigoureux l'éminent Rāj-Guru sait examiner et décrire les manuscrits. On devine ma surprise et mon émotion. La Viṁśikā (la Vingtaine), sœur jumelle de la Triṁśikā (la Trentaine) et non moins fameuse, était, elle aussi, rendue à la lumière après de longs siècles d'ignorance et d'oubli. Le Rāj-Guru n'en promettait, il est vrai, qu'un texte fragmentaire; il manquait, outre la première feuille, une série de six feuillets (20-26) à l'intérieur de l'ouvrage. Je me hâtai de solliciter une copie de l'original : la copie exécutée avec soin sous le contrôle du Rāj-Guru me parvint aux premiers jours d'août. Je la parcourus aussitôt avec une sorte de fièvre. Ici le travail de collation était plus facile encore : M. de La Vallée Poussin avait dès 1912 publié dans la revue belge *Muséon* (p. 53-90) la traduction tibétaine de la Viṁśatikā accompagnée d'une version en français. La comparaison mettait en évidence ce que la lecture avait déjà indiqué au Rāj-Guru : le texte ne se développait pas en ligne continue; mais ce qui avait semblé une lacune n'était que le résultat d'une interpolation. Sur les 19 feuillets paginés du manuscrit, les feuillets 2 à 6 se suivaient exactement; le 6 s'arrêtait sur les mots : *āraṇyakarṣimanaḥpradoṣāc ca Vema;* avec le tibétain et le chinois en main, il devenait facile de reconnaître la suite au début de l'avant-dernier feuillet, classé 26°, qui commençait par le mot *parājayaḥ,* puisque Vasubandhu avait cité comme un exemple des malheurs dus à une malveillance restée à l'état d'intention «la défaite de Vemacitra». Au reste, ce feuillet 26 était paginé 7 en chiffre contemporain du manuscrit : le 7 est bien net sur la photographie du dernier feuillet, sur le bord gauche, et on peut l'y comparer au 7 du chiffre des grantha 760 tracé à la fin de la dernière ligne du texte original. Restait alors un bloc de 12 feuillets, tracés de la même écriture que les 7 feuillets de la Viṁśatikā, taillés au même format, et paginés en série continue de 7 à 19. Il suffisait de les parcourir pour y reconnaître exactement les feuillets qui manquaient dans l'exemplaire retrouvé de la Triṁśikā; mis en place, ils comblaient la lacune tout entière; le feuillet paginé 7 se plaçait à la suite du 6ᵉ feuillet, et la fin du feuillet paginé 19 (*trividho'nanta*) rejoignait le début (*ram abhi-hitaḥ*) du feuillet placé après le 6ᵉ, et dont le classement avait manifestement gêné le dernier lecteur du manuscrit; car ce feuillet est marqué du chiffre 6 à la marge, et du chiffre 7 dans la réserve intérieure; en réalité il est le 20ᵉ. Ainsi, après des siècles de dislocation, les portions de la Triṁśikā qu'un hasard fâcheux avait isolées se rejoignent pour former de nouveau un ensemble intégral. Et des deux chefs-d'œuvre de Vasubandhu, il ne manque plus qu'une page, le premier feuillet qui portait le début de la Viṁśatikā. J'ai, pour la commodité des lecteurs indiens, tenté de restaurer cette page en sanscrit, avec l'aide du tibétain, du chinois, et des matériaux réunis par M. de La Vallée Poussin. C'est aussi dans l'intérêt des lecteurs orientaux que j'ai publié ces textes en caractères dévanagari; j'ai déjà eu l'occasion d'expliquer, dans l'introduction au texte du Mahāyāna-Sūtrālaṁ-kāra, les raisons décisives qui me paraissent exclure la transcription en caractères romains pour les éditions des textes sanscrits, et plus spécialement bouddhiques.

Les deux ouvrages ont été certainement copiés par le même scribe; la confusion qui a fait passer une partie de la Triṁśikā dans l'intérieur de la Viṁśatikā suffirait pour le démontrer. Les deux manuscrits sont tracés sur des feuilles de palmier, de 30 sur 5,5 centimètres; chaque page porte 7 lignes. Le travail a été exécuté avec soin, comme l'attestent les corrections par grattage, par lavure, ou par addition au haut des pages. La date n'est pas indiquée, contrairement à l'usage général des scribes népalais, mais l'aspect du manuscrit suggère le xɪɪᵉ siècle; la forme du *ja* en particulier flotte entre le type nettement ancien et la modification qui en change définitivement l'aspect à partir du xie siècle; je signale aussi les formes du *ba,* du *tha,* de l'*r* en premier élément de groupe, de l'*e* et de l'*i* en position initiale.

J'ai mis bout à bout, en tête de chacun des deux commentaires, les *kārikā* (vers didactiques) que Vasubandhu lui-même avait incorporées dans sa *vṛtti* de la Viṃśatikā et que Sthiramati avait insérées dans l'intérieur de son *bhāṣya,* de façon à en présenter une vue d'ensemble.

Avec l'autorisation du Mahārāja Sir Chandra Shamsher Jang, patron éclairé des études et de la science, je dédie cette publication au Rāj-Guru Hemrāj Śarman, sans l'aide duquel ces précieux manuscrits auraient sans doute disparu à tout jamais.

En haut, page initiale et page finale de la Triṁśikā.
En bas; recto de la feuille 2 et page finale de la Viṁśatikā.
Originaux réduits à environ 6/10.

[अथ विंशतिका विज्ञप्तिमात्रतासिद्धिः

विंशतिकाकारिकाः

विज्ञप्तिमात्रमेवैतदसदर्थावभासनात् ।
यथा तैमिरिकस्यासत्केशचन्द्रादिदर्शनं ॥ १ ॥
[यदि विज्ञप्तिरनर्था नियमो देशकालयोः ।
संतानस्यानियमश्च युक्ता कृत्यक्रिया न च ॥ २ ॥]
देशादिनियमः सिद्धः स्वप्नवत् प्रेतवत्पुनः
संतानानियमः सर्वैः पूयनद्यादिदर्शने ॥ ३ ॥
स्वप्नोपघातवत् कृत्यक्रिया नरकवत्पुनः ।
सर्वं नरकपालादिदर्शने तैश्च बाधने ॥ ४ ॥
तिरश्चां संभवः स्वर्गे यथा न नरके तथा ।
न प्रेतानां यतस्तज्जं दुःखं नानुभवन्ति ते ॥ ५ ॥
यदि तत्कर्मभिस्तत्र भूतानां संभवस्तथा ।
दृष्यते परिणामश्च किं विज्ञानस्य नेष्यते ॥ ६ ॥
कर्मणो वासनान्यत्र फलमन्यत्र कल्प्यते ।
तत्रैव नेष्यते यत्र वासना किं नु कारणं ॥ ७ ॥
रूपाद्यायतनास्तित्वं तद्विनेयजनं प्रति ।
अभिप्रायवशादुक्तमुपपादुकसत्त्ववत् ॥ ८ ॥
यतः स्वबीजाद्विज्ञप्तिर्यदाभासा प्रवर्तते ।
द्विविधायतनत्वेन ते तस्या मुनिरब्रवीत् ॥ ९ ॥
तथा पुद्गलनैरात्म्यप्रवेशो ह्यन्यथा पुनः ।
देशना धर्मनैरात्म्यप्रवेशः कल्पितात्मना ॥ १० ॥
न तदेकं न चानेकं विषयः परमाणुशः ।
न च ते संहता यस्मात् परमाणुर्न सिध्यति ॥ ११ ॥
षट्केन युगपद्योगात् परमाणोः षडंशता ।
षण्णां समानदेशत्वात् पिण्डः स्यादणुमात्रकः ॥ १२ ॥

परमाणोरसंयोगे तत्संघाते ऽस्ति कस्य सः ।
न चानवयवत्वेन तत्संयोगो न सिध्यति ॥ १३ ॥
दिग्भागभेदो यस्यास्ति तस्यैकत्वं न युज्यते ।
छायावृती कथं वान्यो न पिण्डश्चेन्न तस्य ते ॥ १४ ॥
एकत्वे न क्रमेणेतिर्युगपन्न ग्रहाग्रहौ ।
विच्छिन्नानेकवृत्तिश्च सूक्ष्मानीक्षा च नो भवेत् ॥ १५ ॥
प्रत्यक्षबुद्धिः स्वप्नादौ यथा सा च यदा तदा ।
न सो ऽर्थो दृश्यते तस्य प्रत्यक्षत्वं कथं मतं ॥ १६ ॥
उक्तं यथा तदाभासा विज्ञप्तिः स्मरणं ततः ।
स्वप्ने दृग्विषयाभावं नाप्रबुद्धो ऽवगच्छति ॥ १७ ॥
अन्योन्याधिपतित्वेन विज्ञप्तिनियमो मिथः ।
मिद्धेनोपहृतं चित्तं स्वप्ने तेनासमं फलं ॥ १८ ॥
मरणं परविज्ञप्तिविशेषाद्विक्रिया यथा ।
स्मृतिलोपादिकान्येषां पिशाचादिमनोवशात् ॥ १९ ॥
कथं वा दण्डकारण्यशून्यत्वमृषिकोपतः ।
मनोदण्डो महावद्यः कथं वा तेन सिध्यति ॥ २० ॥
परचित्तविदां ज्ञानमयथार्थं कथं यथा ।
स्वचित्तज्ञानमज्ञानायथा बुद्धस्य गोचरः ॥ २१ ॥
विज्ञप्तिमात्रतासिद्धिः स्वशक्तिसदृशी मया ।
कृतेयं सर्वथा सा तु न चिन्त्या बुद्धगोचरः ॥ २२ ॥

विंशतिकाकारिकाः समाप्ताः]

अथ वृत्ति:

[1] महायाने त्रैधातुकं विज्ञप्तिमात्रं व्यवस्थाप्यते । चित्तमात्रं भो जिनपुत्रा यदुत त्रैधातुक-
मिति सूत्रात् । चित्तं मनो विज्ञानं विज्ञप्तिश्चेति पर्यायाः । चित्तमत्र संप्रयोगमभिप्रेतं ।
मात्रमित्यर्थप्रतिषेधार्थं ।

विज्ञप्तिमात्रमेवैतदसदर्थावभासनात् ।
यथा तैमिरिकस्यासत्केशचन्द्रादिदर्शनं ॥ १ ॥

अत्र चोच्यते ।

यदि विज्ञप्तिरनर्था नियमो देशकालयोः ।
संतानस्यानियमश्च युक्ता कृत्यक्रिया न च ॥ २ ॥

किमुक्तं भवति । यदि विना रूपाद्यर्थेन रूपादिविज्ञप्तिरुत्पद्यते न रूपाद्यर्थात् । कस्मात्
कुचिदेश उत्पद्यते न सर्वत्र । तत्रैव च देशे कदाचिदुत्पद्यते न सर्वदा । तद्देशकालप्रति-
ष्ठितानां सर्वेषां संतान उत्पद्यते न केवलमेकस्य । यथा तैमिरिकाणां संताने केशाद्याभासां
नान्येषां । कस्माद्यत्तैमिरिकैः केशभ्रमरादि दृश्यते तेन केशादिक्रिया न क्रियते न च तदन्यैर्न
क्रियते । यद्यन्पानवस्त्राविषायुधादि स्वप्ने दृश्यते तेनान्नादिक्रिया न क्रियते न च तदन्यैर्न
क्रियते । गन्धर्वनगरेणासत्त्वान् नगरक्रिया न क्रियते न च तदन्यैर्न क्रियते । तस्मादर्थाभावे
देशकाल-

[2a] नियमः संतानानियमः कृत्वक्रिया च न युज्यते । न खलु न युज्यते
यस्मात् ।

देशादिनियमः सिद्धः स्वप्नवत्

स्वप्न इव स्वप्नवत् । कथं तावत् । स्वप्ने विनाप्यर्थेन कुचिदेव देशे किंचिदू
भ्रमरारामस्त्रीपुरुषादिकं दृश्यते न सर्वच । तत्रैव च देशे कदाचि-
न्न सर्वकालमिति सिद्धो विनाप्यर्थेन देशकालनियमः ।

प्रेतवत्पुनः ।

संतानानियमः

[1] La première page manque au manuscrit; j'ai tenté de la restituer en
sanscrit, pour la commodité des lecteurs indiens, en m'aidant des traductions
en tibétain et en chinois.

सिद्ध इति वर्तते प्रेतानामिव प्रेतवत् कथं सिद्ध: समं ।

सर्वैः पूयनद्यादिदर्शने ॥ ३ ॥

पूयपूर्णा नदी पूयनदी । घृतघटवत् । तुल्यकर्मविपाकावस्था हि प्रेता:
सर्वेऽपि पूयपूर्णां नदीं पश्यन्ति नैक एव । यथा पूयपूर्णामेव मूत्रपुरीषादि-
पूर्णां दृष्ट्वासिधरैश्च पुरुषैरधिष्ठितामित्यादिग्रहणेन । एवं संतानानियमो
विज्ञप्तीनामसत्यर्थे सिद्ध: ।

स्वप्नोपघातवत्कृत्यक्रिया

सिद्धेति वेदितव्यं । यथा स्वप्ने द्वयसमापत्तिमन्तरेण शुक्रविसर्गलक्षण:
स्वप्नोपघात: । एवं तावदन्यान्यैर्दृष्टान्तैर्देशकालनियमादिचतुष्टयं सिद्धं ।

नरकवत्पुन: ।

सर्वं

सिद्धमिति वेदितव्यं । नरकेष्विव नरकवत् । कथं सिद्धं ।

नरकपालादिदर्शने तैश्च बाधने ॥ ४ ॥

यथा हि नरकेषु नारकाणां नरकपालादिदर्शनं देशकालनियमेन सिद्धं
स्ववायसायसपर्वतावागमनगमन[2b]दर्शनं चेत्यादिग्रहणेन सर्वेषां च
नैकस्यैव तैश्च तद्बाधनं सिद्धमसत्स्वपि नरकपालादिषु समानस्वकर्मविपा-
काधिपत्यात् । तथान्यच्चापि सर्वमेतद्देशकालनियमादिचतुष्टयं सिद्धमिति
वेदितव्यं । किं पुन: कारणं नरकपालास्ते च श्वानो वायसाश्च सत्त्वा
नेष्यन्ते । अयोगात् । न हि ते नारका युज्यन्ते । तथैव तद्दु:खाप्रतिसंवेद-
नात् । परस्परं यातयतामिमे नारका इमे नरकपाला इति व्यवस्था न
स्यात् । तुल्याकृतिप्रमाणबलानां च परस्परं यातयतां न तथा भयं स्यात् ।
दाहदु:खं च प्रदीप्तायामयोमय्यां भूमावसहमाना: कथं तत्र परान्यात-
येयु: । अनारकाणां वा नरके कुत: संभव: । कथं तावत्तिरश्चां स्वर्गसं-
भव: । एवं नरकेषु तिर्यक्प्रेतविशेषाणां नरकपालादीनां संभव: स्यात् ।

तिरश्चां संभव: स्वर्गे यथा न नरके तथा ।
न प्रेतानां यतस्तज्जं दु:खं नानुभवन्ति ते ॥ ५ ॥

ये हि तिर्यंच्च: स्वर्गे संभवन्ति ते तद्वाजनलोकसुखसंवर्तनीयेन कर्मणा
तत्र संभूतास्तज्जं सुखं प्रत्यनुभवन्ति । न चैवं नरकपालादयो नारकं दु:खं
प्रत्यनुभवन्ति । तस्मान्न तिरश्चां संभवो युक्तो नापि प्रेतानां । तेषां तर्हि

नारकाणां कर्मभिस्तच्च भूतविशेषाः संभवन्ति वर्णाकृतिप्रमाणबलविशिष्टा
ये नरक[3a]पालादिसंज्ञां प्रतिलभन्ते । तथा च परिणमन्ति यद्द्विविधां
हस्तविक्षेपादिक्रियां कुर्वन्तो दृश्यन्ते भयोत्पादनार्थं । यथा मेषाकृतयः
पर्वता आगच्छन्तो गच्छन्तो ऽयःशाल्मलीवने च कण्टका अधोमुखीभवन्त
ऊर्ध्वमुखीभवन्त्येति । न ते न संभवन्त्येव ।

यदि तत्कर्मभिस्तच्च भूतानां संभवस्तथा ।
दृश्यते परिणामश्च किं विज्ञानस्य नेष्यते ॥ ६ ॥

विज्ञानस्यैव तत्कर्मभिस्तथा परिणामः कस्मान्नेष्यते किं पुनर्भूतानि
कल्प्यन्ते । अपि च ।

कर्मणो वासनान्यत्र फलमन्यत्र कल्प्यते ।
तत्रैव नेष्यते यत्र वासना किं नु कारणं ॥ ७ ॥

येन हि कर्मणा नारकाणां तच्च तादृग्भो भूतानां संभवः कल्प्यते परिणा-
मश्च कर्मणो वासना तेषां विज्ञानसंतानसंनिविष्टा नान्यत्र । यत्रैव च
वासना तत्रैव तस्याः फलं तादृग्भो विज्ञानपरिणामः किं नेष्यते । यत्र
वासना नास्ति तत्र तस्याः फलं कल्प्यत इति किमत्र कारणं । आगमः
कारणं । यदि विज्ञानमेव रूपादिप्रतिभासं स्यान्न रूपादिको ऽर्थस्तदा
रूपाद्यायतनास्तित्वं भगवता नोक्तं स्यात् । अकारणमेतद्यस्मात् ।

रूपाद्यायतनास्तित्वं तद्विनेयजनं प्रति ।
अभिप्रायवशादुक्तमुपपादुकसत्त्ववत् ॥ ८ ॥

यथास्ति सत्त्व उपपादुक इत्युक्तं भगवता । अभिप्रायवशाच्चित्तसंत-
त्यनुच्छेदमा[3b]यत्यामभिप्रेत्य ।

नास्तीह सत्त्व आत्मा वा धर्मास्त्वेते सहेतुकाः

इति वचनात् । एवं रूपाद्यायतनास्तित्वमप्युक्तं भगवता तद्वेश्यनाविनेय-
जनमधिकृत्येत्याभिप्रायिकं तद्वचनं । को ऽत्राभिप्रायः ।

यतः स्वबीजाद्विज्ञप्तिर्यदाभासा प्रवर्तते ।
द्विविधायतनत्वेन ते तस्या मुनिरब्रवीत् ॥ ९ ॥

किमुक्तं भवति । रूपप्रतिभासा विज्ञप्तिर्यतः स्वबीजात्परिणामविशेष-
प्राप्तादुत्पद्यते तच्च बीजं यत्प्रतिभासा च सा ते तस्या विज्ञप्तेस्तच्चरूपा-

यतनत्वेन यथाक्रमं भगवानब्रवीत् । एवं यावत् स्प्रष्टव्यप्रतिभासा विज्ञप्ति-
र्यत: स्वबीजात्परिणामविशेषप्राप्तादुत्पद्यते । तच्च बीजं यत्प्रतिभासा च
सा ते तथा कायस्प्रष्टव्यायतनत्वेन यथाक्रमं भगवानब्रवीदित्ययमभि-
प्राय: । एवं पुनरभिप्रायवशेन देशयित्वा को गुण: ।

तथा पुद्गलनैरात्म्यप्रवेशो हि

तथा हि देश्यमाने पुद्गलनैरात्म्यं प्रविशन्ति । द्वयादिज्ञानषट्कं प्रवर्तते ।
न तु कश्चिदेको द्रष्टास्ति न यावन्मन्तेत्येवं विदित्वा ये पुद्गलनैरात्म्यदेशना-
विनेयास्ते पुद्गलनैरात्म्यं प्रविशन्ति ।

अन्यथा पुन: ।

देशना धर्मनैरात्म्यप्रवेश:

अन्यथेति विज्ञप्तिमात्रदेशना कथं धर्मनैरात्म्यप्रवेश: । विज्ञप्तिमात्रमिदं
रूपादिधर्मप्रतिभासमुत्पद्यते न तु रूपादिलक्षणो धर्म: कोऽप्यस्ती[4a]ति
विदित्वा । यदि तर्हि सर्वथा धर्मो नास्ति तदपि विज्ञप्तिमात्रं नास्तीति
कथं तर्हि व्यवस्थाप्यते । न खलु सर्वथा धर्मो नास्तीत्येवं धर्मनैरात्म्यप्रवेशो
भवति । अपि तु ।

कल्पितात्मना ॥ १० ॥

यो बालैर्धर्माणां स्वभावो ग्राह्यग्राहकादि: परिकल्पितस्तेन कल्पितेना-
त्मना तेषां नैरात्म्यं न त्वनभिलाप्येनात्मना यो बुद्धानां विषय इति । एवं
विज्ञप्तिमात्रस्याषि विज्ञप्त्यन्तरपरिकल्पितेनात्मना नैरात्म्यप्रवेशात् विज्ञ-
प्तिमात्रव्यवस्थापनया सर्वधर्माणां नैरात्म्यप्रवेशो भवति न तु तदस्तित्वापवा-
दात् । इतरथा हि विज्ञप्तेरपि विज्ञप्त्यन्तरमर्थ: स्यादिति विज्ञप्तिमात्रत्वं
न सिध्येतार्थवतीत्वाद्विज्ञप्तीनां । कथं पुनरिदं प्रत्येतव्यमनेनाभिप्रायेण
भगवता रूपाद्यायतनास्तित्वमुक्तं न पुन: सन्त्येव तानि यानि रूपादिविज्ञ-
प्तीनां प्रत्येकं विषयीभवन्तीति । यस्मात् ।

न तदेकं न चानेकं विषय: परमाणुश: ।
न च ते संहता यस्मात्परमाणुर्न सिध्यति ॥ ११ ॥

इति किमुक्तं भवति । यत्तद्रूपादिकमायतनं रूपादिविज्ञप्तीनां प्रत्येकं
विषय: स्यात्तदेकं वा स्यादवयवरूपं कल्प्यते वैशेषिकै: । अनेकं वा
परमाणुश: । संहता वा त एव परमाणव: । न तावदेकं विषयो भवत्य-
वयवेभ्यो ऽन्यस्यावयविरूपस्य क्वचिदग्रहणात् । नाप्यनेकं [4b] परमा-

णुना प्रत्येकमग्रहणात् । नापि ते संहता विषयीभवन्ति । यस्मात्परमाणुरेकं
द्रव्यं न सिध्यति । कथं न सिध्यति । यस्मात् ।

षट्केन युगपद्योगात्परमाणोः षडंशता ।

षड्भ्यो दिग्भ्यः षड्भिः परमाणुभिर्युगपद्योगे सति परमाणोः षडंशता
प्राप्नोति । एकस्य यो देशस्तत्रान्यस्यासंभवात् ।

षण्णां समानदेशत्वात्पिण्डः स्यादणुमात्रकः ॥ ७२ ॥

अथ य एवैकस्य परमाणोर्देशः स एव षण्णां । तेन सर्वेषां समान-
देशत्वात्सर्वः पिण्डः परमाणुमात्रः स्यात्परस्परव्यतिरेकादिति न कश्चित्पि-
ण्डो दृश्यः स्यात् । नैव हि परमाणवः संयुज्यन्ते निरवयवत्वात् । मा
भूदेष दोषप्रसङ्गः । संहतास्तु परस्परं संयुज्यन्त इति काश्मीरवैभाषिकास्त
इदं प्रष्टव्याः । यः परमाणूनां संघातो न स तेभ्यो ऽर्थान्तरमिति ।

परमाणोरसंयोगे तत्संघाते ऽस्ति कस्य सः ।

संयोग इति वर्तते ।

न चानवयवत्वेन तत्संयोगो न सिध्यति ॥ ७३ ॥

अथ संघाता अप्यन्योन्यं न संयुज्यन्ते । न तर्हि परमाणूनां निरवयवत्वा-
त्संयोगो न सिध्यतीति वक्तव्यं । सावयवस्यापि हि संघातस्य संयोगान-
भ्युपगमात् । तस्मात्परमाणुरेकं द्रव्यं न सिध्यति । यदि च परमाणोः
संयोग इष्यते यदि वा नेष्यते ।

दिग्भागभेदो यस्यास्ति तस्यैकत्वं न युज्यते ।

अन्यो हि परमाणोः पूर्वदिग्भागो [5ᵃ] यावदधोदिग्भाग इति दिग्भा-
गभेदे सति कथं तदात्मकस्य परमाणोरेकत्वं योच्यते ।

छायावृती कथं वा

यद्येकैकस्य परमाणोर्दिग्भागभेदो न स्यादादित्योदये कथमन्यत्र छाया
भवत्यन्यत्रातपः । न हि तस्यान्यः प्रदेशो ऽस्ति यत्रातपो न स्यात् । आव-
रणं च कथं भवति परमाणोः परमाण्वन्तरेण यदि दिग्भागभेदो नेष्यते ।
न हि कश्चिदपि परमाणोः परभागो ऽस्ति यत्रागमनादन्येनान्यस्य प्रति-
घातः स्यात् । असति च प्रतिघाते सर्वेषां समानदेशत्वात्सर्वं संघातः

परमाणुमात्रः स्यादित्युक्तं । किमेवं नेष्यते पिण्डस्य ते च्छायावृती न
परमाणोरिति । किं खलु परमाणुभ्यो ऽन्यः पिण्ड दृश्यते यस्य ते स्यातां
नेत्याह ।

अन्यो न पिण्डश्चेन्न तस्य ते ॥ ७४ ॥

यदि नान्यः परमाणुभ्यः पिण्ड दृश्यते न ते तस्येति सिद्धं भवति ।
संनिवेशपरिकल्प एषः । परमाणुः संघात इति वा किमनया चिन्तया
लचणं तु रूपादि यदि न प्रतिषिध्यते । किं पुनस्तेषां लचणं चचुरादिवि-
षयत्वं नीलादित्वं च । तदेवेदं संप्रधार्यते । यत्तच्चचुरादीनां विषयो
नीलपीतादिकमिष्यते किं तदेकं द्रव्यमथ वा तदनेकमिति । किं चातः ।
अनेकत्वे दोष उक्तः ।

एकत्वे न क्रमेणेतियुगपन्न ग्रहायग्रहौ ।
विच्छिन्नानेकवृत्तिश्च सूच्मानीचा च नो भवेत्॥ ७५ ॥

यदि यावदविच्छिन्नं नानेकं [5ᵇ] चचुषो विषयस्तदेकं द्रव्यं कल्प्यते
पृथिव्यां क्रमेणेतिर्न स्याद्गमनमित्यर्थः । सकृत्पादचेपेण सर्वस्य गतत्वात् ।
अर्वाग्भागस्य च ग्रहणं परभागस्य चाग्रहणं युगपन्न स्यात् । न हि तस्यैव
तदानीं ग्रहणं चाग्रहणं च युक्तम् । विच्छिन्नस्य चानेकस्य हस्त्यश्वादिक-
स्यानेकत्र वृत्तिर्न स्याद्यदैकं तच्चैवापरमिति कथं तयोर्विच्छेद दृश्यते ।
कथं वा तदेकं यत्प्राप्तं च ताभ्यां न च प्राप्तमन्तराले तच्छून्यग्रहणात् ।
सूच्मानां चोदकजन्तूनां स्थूलैः समानरूपाणामनीचणां न स्यात् । यदि
लचणभेदादेव द्रव्यान्तरत्वं कल्प्यते नान्यथा । तस्मादवश्यं परमाणुभ्यो
भेदः कल्पयितव्यः स चैको न सिध्यति । तस्यासिद्धौ रूपादीनां चचुरादि-
विषयत्वमसिद्धमिति सिद्धं विज्ञप्तिमात्रं भवतीति । प्रमाणवशादखिलं
नाखिलं वा निर्धार्यते सर्वेषां च प्रमाणानां प्रत्यचं प्रमाणं गरिष्ठमित्यस-
त्यर्थे कथमियं बुद्धिर्भवति प्रत्यचमिति ।

प्रत्यचबुद्धिः स्वप्नादौ यथा

विनाप्यर्थेनेति पूर्वमेव च्चापितं ।

सा च यदा तदा ।
न सो ऽर्थो दृश्यते तस्य प्रत्यचत्वं कथं मतं ॥ १६ ॥

यदा च सा प्रत्यचबुद्धिर्न भवतीदं मे प्रत्यचमिति तदा न सो ऽर्थो
दृश्यते मनोविज्ञानेनैव परिच्छेदाच्चचुर्विज्ञानस्य च तदा निरुद्धत्वादिति ।
कथं तस्य प्रत्यचत्वमिष्टं । विशेषेण तु चणिकस्य विषय[6ᵃ]स्य तदानीं

निरुद्धमेव तद्रूपं रसादिकं वा । नाननुभूतं मनोविज्ञानेन स्मर्यत इत्यवश्य-
मर्थानुभवेन भवितव्यं तच्च दर्शनमित्येवं तद्विषयस्य रूपादेः प्रत्यक्षत्वं मतं ।
असिद्धमिदमनुभूतस्यार्थस्य स्मरणं भवतीति । यस्मात् ।

उक्तं यथा तदाभासा विज्ञप्तिः

विनाप्यर्थेन यथार्थाभासा चक्षुर्विज्ञानादिका विज्ञप्तिरित्यपदते तथोक्तम् ।

स्मरणं ततः ।

ततो हि विज्ञप्तेः स्मृतिसंप्रयुक्ता तत्प्रतिभासैव रूपादिविकल्पिका
मनोविज्ञप्तिरित्यपदत इति न स्मृत्युत्पादादर्थानुभवः सिध्यति । यदि यथा
स्वप्ने विज्ञप्तिरभूतार्थविषया तथा जायतो ऽपि स्वात्मैव तदभावं लोकः
स्वयमवगच्छेत् । नचैवं भवति । तस्मान्न स्वप्न इवार्थोपलब्धिः सर्वा निर-
र्थिका । इदमन्यापकं । यस्मात् ।

स्वप्ने दृग्विषयाभावं नाप्रबुद्धो ऽवगच्छति ॥ १७ ॥

एवं वितथविकल्पाभ्यासवासनानिद्रया प्रसुप्तो लोकः स्वप्न इवाभूत-
मर्थं पश्यन्न प्रबुद्धस्तदभावं यथावन्नावगच्छति । यदा तु तत्प्रतिपक्षलोकोत्त-
रनिर्विकल्पज्ञानलाभात्प्रबुद्धो भवति तदा तत्पृष्ठलब्धशुद्धलौकिकज्ञान-
संमुखीभावाद्विषयाभावं यथावदवगच्छतीति समानमेतत् । यदि स्वसंतान-
परिणामविशेषादेव सत्त्वानामर्थप्रतिभासा विज्ञप्तय उत्पद्यन्ते नार्थविशे-
[6b] षात् । तदा य एष पापकल्याणमित्रसंपर्कात्सदसद्धर्मश्रवणाच्च विज्ञ-
प्तिनियमः सत्त्वानां स कथं सिध्यति असति सदसत्संपर्के तद्देशनायां च ।

अन्योन्याधिपतित्वेन विज्ञप्तिनियमो मिथः ।

सर्वेषां हि सत्त्वानामन्योन्यविज्ञप्त्याधिपत्येन मिथो विज्ञप्तेर्नियमो भवति
यथायोगं । मिथ इति परस्परतः । अतः संतानान्तरविज्ञप्तिविशेषात्संता-
नान्तरे विज्ञप्तिविशेष उत्पद्यते नार्थविशेषात् । यदि यथा स्वप्ने निरर्थिका
विज्ञप्तिरेवं जाग्रतो ऽपि स्यात्कस्मात्कुशलाकुशलसमुदाचारे सुप्तासुप्तयो-
स्तुल्यं फलमिष्टानिष्टमायत्यां न भवति । यस्मात् ।

मित्रेनोपहतं चित्तं स्वप्ने तेनासमं फलं ॥ १८ ॥

इदमत्र कारणं न त्वर्थसद्भावः । यदि विज्ञप्तिमात्रमेवेदं न कस्यचित्का-
यो ऽस्ति न वाक् । कथमनुक्रम्यमाणानामौरभ्रिकादिभिरुरभ्रादीनां

मरणं भवति । अतत्कृते वा तद्भरणे कथमौरभ्रिकादीनां प्राणातिपाता-
वद्येन योगी भवति ।

मरणं परविज्ञप्तिविशेषाद्विक्रिया यथा ।
स्मृतिलोपादिकान्येषां पिशाचादिमनोवशात् ॥ १९ ॥

यथा हि पिशाचादिमनोवशादन्येषां स्मृतिलोपस्वप्नदर्शनभूतग्रहावेश-
विकारा भवन्ति । ऋद्धिवन्मनोवशाच्च । यथा सारणस्यार्यमहाकात्यायना-
धिष्ठानात्स्वप्नदर्शनं । आरण्यकर्षिमनःप्रदोषाच्च वेमचिच [7ᵃ] पराजयः ।
तथा परविज्ञप्तिविशेषाधिपत्यात्परेषां जीवितेन्द्रियविरोधिनी काचिद्वि-
क्रियोत्पद्यते यथा सभागसंततिविच्छेदाख्यं मरणं भवतीति वेदितव्यं ।

कथं वा दण्डकारण्यशून्यत्वमृषिकोपतः ।

यदि परविज्ञप्तिविशेषाधिपत्यात्सत्त्वानां मरणं नेष्यते । मनोदण्डस्य हि
महासावद्यत्वं साधयता भगवतोपालिगृहपतिः पृष्टः । कच्चित्ते गृहपते
श्रुतं केन तानि दण्डकारण्यानि मातङ्गारण्यानि कलिङ्गारण्यानि शून्यानि
मेध्यीभूतानि । तेनोक्तं । श्रुतं मे भो गौतम ऋषीणां मनःप्रदोषेणेति ।

मनोदण्डो महावद्यः कथं वा तेन सिध्यति ॥ २० ॥

यद्येवं कल्प्यते । तदभिप्रसन्नैरमानुषैस्तद्वासिनः सत्त्वा उत्सादिता न
ऋषीणां मनःप्रदोषान्मृता इत्येवं सति कथं तेन कर्मणा मनोदण्डः कायवा-
ग्दण्डाभ्यां महावद्यतमः सिद्धो भवति । तन्मनःप्रदोषमात्रेण तावतां
सत्त्वानां मरणात्सिध्यति । यदि विज्ञप्तिमात्रमेवेदं परचित्तविदः किं
परचित्तं जानन्त्यथ न । किंचातः । यदि न जानन्ति कथं परचित्तविदो
भवन्ति । अथ जानन्ति ।

परचित्तविदां ज्ञानमयथार्थं कथं यथा ।
स्वचित्तज्ञानं

तदपि कथमयथार्थं ।

अज्ञानाद्यथा बुद्धस्य गोचरः ॥ २१ ॥

यथा तन्निरभिलाप्येनात्मना [7ᵇ] बुद्धानां गोचरः । तथा तद्ज्ञा-
नात्तदुभयं न यथार्थं वितथप्रतिभासतया ग्राह्यग्राहकविकल्पस्याप्रहीण-
त्वात् । अनन्तविनिश्चयप्रभेदागाधगाम्भीर्यायां विज्ञप्तिमात्रतायां ।

विज्ञप्तिमात्रतासिद्धिः स्वशक्तिसदृशी मया ।
कृतेयं सर्वथा सा तु न चिन्त्या

सर्वप्रकारा तु सा माढृशैश्चिन्तयितुं न शक्यते । तर्काविषयत्वात् । कस्य पुन: सा सर्वथा गोचर इत्याह ।

बुद्धगोचर: ॥ २२ ॥

बुद्धानां हि सा भगवतां सर्वप्रकारं गोचर: सर्वाकारसर्वज्ञेयज्ञाना-विघातादिति ।

विंशतिका विज्ञप्तिमात्रतासिद्धि: ।
कृतिरियमाचार्यवसुबन्धो: ।

[अथ त्रिंशिकाविज्ञप्तिकारिकाः

आत्मधर्मोपचारो हि विविधो यः प्रवर्तते ।
विज्ञानपरिणामेऽसौ परिणामः स च त्रिधा ॥ १ ॥
विपाको मननाख्यश्च विज्ञप्तिर्विषयस्य च ।
तत्रालयाख्यं विज्ञानं विपाकः सर्वबीजकम् ॥ २ ॥
असंविदितकोपादिस्थानविज्ञप्तिकं च तत् ।
सदा स्पर्शमनस्कारवित्संज्ञाचेतनान्वितम् ॥ ३ ॥
उपेक्षा वेदना तत्रानिवृताव्याकृतं च तत् ।
तथा स्पर्शादयस्तच्च वर्तते स्रोतसौघवत् ॥ ४ ॥
तस्य व्यावृतिरर्हत्वे तदाश्रित्य प्रवर्तते ।
तदालम्बं मनोनाम विज्ञानं मननात्मकम् ॥ ५ ॥
क्लेशैश्चतुर्भिः सहितं निवृताव्याकृतैः सदा ।
आत्मदृष्ट्यात्ममोहात्ममानात्मस्नेहसंज्ञितैः ॥ ६ ॥
यत्रजस्तन्मयैरन्यैः स्पर्शाद्यैश्चार्हतो न तत् ।
न निरोधसमापत्तौ मार्गे लोकोत्तरे न च ॥ ७ ॥
द्वितीयः परिणामोऽयं तृतीयः षड्विधस्य या ।
विषयस्योपलब्धिः सा कुशलाकुशलाद्वया ॥ ८ ॥
सर्वत्रगैर्विनियतैः कुशलैश्चैतसैरसौ ।
संप्रयुक्ता तथा क्लेशैरुपक्लेशैस्त्रिवेदना ॥ ९ ॥
आद्याः स्पर्शादयश्छन्दाधिमोक्षस्मृतयः सह ।
समाधिधीभ्यां नियताः श्रद्धाथ ह्रीरपत्रपा ॥ १० ॥
अलोभादि त्रयं वीर्यं प्रश्रब्धिः साप्रमादिका ।
अहिंसा कुशलाः क्लेशा रागप्रतिघमूढयः ॥ ११ ॥
मानदृग्विचिकित्साश्च क्रोधोपनहने पुनः ।
म्रक्षः प्रदाश ईर्ष्याथ मात्सर्यं सह मायया ॥ १२ ॥
शाठ्यं मदोऽविहिंसाह्रीरत्रपा स्त्यानमुद्धवः ।
आश्रद्धमथ कौसीद्यं प्रमादो मुषिता स्मृतिः ॥ १३ ॥
विक्षेपोऽसंप्रजन्यं च कौकृत्यं मिद्धमेव च ।
वितर्कश्च विचारश्चेत्युपक्लेशा द्वये द्विधा ॥ १४ ॥

पञ्चानां मूलविज्ञाने यथाप्रत्ययमुद्भवः ।
विज्ञानानां सह न वा तरङ्गाणां यथा जले ॥ १५ ॥
मनोविज्ञानसंभूतिः सर्वदासंज्ञिकादृते ।
समापत्तिद्वयान्निद्धान्मूर्छनाद्यच्चित्तकात् ॥ १६ ॥
विज्ञानपरिणामोऽयं विकल्पो यद्विकल्प्यते ।
तेन तन्नास्ति तेनेदं सर्वं विज्ञप्तिमात्रकम् ॥ १७ ॥
सर्वबीजं हि विज्ञानं परिणामस्तथा तथा ।
यात्यन्योन्यवशाद्येन विकल्पः स स जायते ॥ १८ ॥
कर्मणो वासना ग्राह्द्वयवासनया सह ।
क्षीणे पूर्वविपाकेऽन्यद्विपाकं जनयन्ति तत् ॥ १९ ॥
येन येन विकल्पेन यद्यद्वस्तु विकल्प्यते ।
परिकल्पित एवासौ स्वभावो न स विद्यते ॥ २० ॥
परतन्त्रस्वभावस्तु विकल्पः प्रत्ययोद्भवः ।
निष्पन्नस्तस्य पूर्वेण सदा रहितता तु या ॥ २१ ॥
अत एव स नैवान्यो नानन्यः परतन्त्रतः ।
अनित्यतादिवद्वाच्यो नादृष्टेऽस्मिन् स दृश्यते ॥ २२ ॥
त्रिविधस्य स्वभावस्य त्रिविधां निःस्वभावताम् ।
संधाय सर्वधर्माणां देशिता निःस्वभावता ॥ २३ ॥
प्रथमो लक्षणेनैव निःस्वभावोऽपरः पुनः ।
न स्वयंभाव एतस्येत्यपरा निःस्वभावता ॥ २४ ॥
धर्माणां परमार्थश्च स यतस्तथतापि सः ।
सर्वकालं तथाभावात् सैव विज्ञप्तिमात्रता ॥ २५ ॥
यावद्विज्ञप्तिमात्रत्वे विज्ञानं नावतिष्ठति ।
ग्राहद्वयस्यानुशयस्तावन्न विनिवर्तते ॥ २६ ॥
विज्ञप्तिमात्रमेवेदमित्यपि ह्युपलम्भतः ।
स्थापयन्नग्रतः किंचित् तन्मात्रे नावतिष्ठते ॥ २७ ॥
यदालम्बनं विज्ञानं नैवोपलभते तदा ।
स्थितं विज्ञानमात्रत्वे ग्राह्याभावे तदग्रहात् ॥ २८ ॥
अचित्तोऽनुपलम्भोऽसौ ज्ञानं लोकोत्तरं च तत् ।
आश्रयस्य परावृत्तिर्द्विधा दौष्ठुल्यहानितः ॥ २९ ॥
स एवानस्रवो धातुरचिन्त्यः कुशली ध्रुवः ।
सुखो विमुक्तिकायोऽसौ धर्माख्योऽयं महामुनेः ॥ ३० ॥

त्रिंशिकाविज्ञप्तिकारिकाः समाप्ताः ॥
कृतिरियमाचार्यवसुबन्धोः ।

अथ त्रिंशिकाविज्ञप्तिभाष्यं ।

[1ᵃ] पुद्गलधर्मनैरात्म्ययोरप्रतिपन्नविप्रतिपन्नानामविपरीतपुद्गलधर्मनै-
रात्म्यप्रतिपादनार्थं त्रिंशिकाविज्ञप्तिप्रकरणारम्भः । पुद्गलधर्मनैरात्म्यप्र-
तिपादनं पुनः क्लेशज्ञेयावरणप्रहाणार्थं । तथा ह्यात्मदृष्टिप्रभवा रागा-
द्यः क्लेशाः पुद्गलनैरात्म्यावबोधश्च सत्कायदृष्टेः प्रतिपक्षत्वात् तत्प्रहाणाय
प्रवर्तमानः सर्वक्लेशान् प्रजहाति । धर्मनैरात्म्यज्ञानादपि ज्ञेयावरणप्रति-
पक्षत्वात् ज्ञेयावरणं प्रहीयते । क्लेशज्ञेयावरणप्रहाणमपि मोक्षसर्वज्ञत्वा-
धिगमार्थं । क्लेशा हि मोक्षप्राप्तेरावरणमिति अतस्तेषु प्रहीणेषु मोक्षो
ऽधिगम्यते । ज्ञेयावरणमपि सर्वस्मिन् ज्ञेये ज्ञानप्रवृत्तिप्रतिबन्धभूतम्
अक्लिष्टमज्ञानं । तस्मिन् प्रहीणे⁽¹⁾ सर्वाकारे ज्ञेये ऽस⁽²⁾क्तमप्रतिहतं च
ज्ञानं प्रवर्तत इत्यतः सर्वज्ञत्वमधिगम्यते । अथ वा धर्मपुद्गलाभिनिवि-
ष्टाश्चित्तमात्रं यथाभूतं न जानन्तीत्यतो धर्मपुद्गलनैरात्म्यप्रदर्शनेन सफले
विज्ञप्तिमात्रे ऽनुपूर्वेण प्रवेशार्थं प्रकरणारम्भः । अथ वा विज्ञानव⁽³⁾द्विज्ञे-
यमपि [2ᵃ] द्रव्यत एवेति केचिन्मन्यन्ते । विज्ञेयवद् विज्ञानमपि संवृतित
एव न परमार्थत इत्यस्य द्विप्रकारस्याप्येकान्तवादस्य प्रतिषेधार्थः प्रकर-
णारम्भः ॥

आत्मधर्मोपचारो⁽⁴⁾ हि विविधो यः प्रवर्तते ।

लोकशास्त्रयोरिति वाक्यशेषः ।

विज्ञानपरिणामे ऽसौ ।

आत्मधर्मोपचार इति संबध्यते । आत्मा धर्माश्चोपचर्यन्त इत्यात्मधर्मोप-
चारः । स पुनरात्मविज्ञप्तिर् धर्मप्रज्ञप्तिश्च । विविध इत्यनेकप्रकारः ।
आत्मा जीवो जन्तुर्मनुजो माणव इत्येवमादिक आत्मोपचारः स्कन्धा
धातव आयतनानि रूपं वेदना संज्ञा संस्कारा विज्ञानमित्येवमादिको
धर्मोपचारः । अयं द्विप्रकारो ऽप्युपचारो विज्ञानपरिणाम एव न मुख्ये
आत्मनि धर्मेषु चेति कुत एतत् । धर्माणामात्मनश्च विज्ञानपरिणामाद्

⁽¹⁾ Le manuscrit porte en marge गते ऽस्मिन् qui est une simple glose.

⁽²⁾ Ms. ऽसक्त°. Tib. *čhags pa med* «sans attachement».

⁽³⁾ Ms. विज्ञानविज्ञेय°.

⁽⁴⁾ Ms. आत्मधर्मो°°.

बहिर्भावात् । को ऽयं परिणामो नाम । अन्यथात्वं । कारणक्षणनिरोध-
समकालः कारणक्षणविलक्षणः कार्यस्यात्मलाभः परिणामः । तच्चात्मादि-
विकल्पवासनापरिपोषाद् रूपादिविकल्पवासनापरिपोषाच्चालयविज्ञाना-
दात्मादिनिर्भासो विकल्पो रूपादिनिर्भासश्चोत्पद्यते । तमात्मादिनिर्भासं
रूपादिनिर्भासं च तस्माद् विकल्पाद् बहिर्भूतमिवोपादायात्मोपचारो
रूपादिधर्मोपचारश्चानादिकालिकः प्रवर्तते वि[2b]नापि बाह्येनात्मना
धर्मैश्च । तद्यथा तैमिरिकस्य केशोण्डुकाद्युपचार इति । यच्च यन्न नास्ति तत्
तच्चोपचर्यते । तद् यथा बाहीके गौः । एवं विज्ञानस्वरूपे बहिश्चात्मधर्मा-
भावात् परिकल्पित एवात्मा धर्माश्च न तु परमार्थतः सन्तीति विज्ञानवद्
विज्ञेयमप्युच्यत एवेत्ययमेकान्तवादो नाभ्युपेयः । उपचारस्य च निराधार-
त्वासंभवाद् अवश्यं विज्ञानपरिणामो वस्तुतो ऽस्त्युपगन्तव्यो यच्चात्मधर्मोप-
चारः प्रवर्तते । अतश्चायमुपगमो न युक्तिक्षमो विज्ञानमपि विज्ञेयवत् संवृ-
तित एव न परमार्थत इति । संवृतितो ऽप्यभावप्रसङ्गान् न हि संवृतिर्निरुपा-
दाना युज्यते । तस्माद्यमेकान्तवादो द्विप्रकारो ऽपि निर्युक्तिकत्वात् त्याज्य
इत्याचार्यवचनं । एवं च सर्वं विज्ञेयं परिकल्पितस्वभावत्वाद् वस्तुतो न
विद्यते विज्ञानं पुनः प्रतीत्यसमुत्पन्नत्वाद् द्रव्यतो ऽस्तीत्यभ्युपेयं । प्रतीत्यस-
मुत्पन्नत्वं पुनर् विज्ञानस्य परिणामशब्देन ज्ञापितं । कथमेतद् गम्यते
विना बाह्येनार्थेन विज्ञानमेवार्थाकारमुत्पद्यत इति । बाह्यो ह्यर्थः स्वाभा-
सविज्ञानजनकत्वेन विज्ञानस्यालम्बनप्रत्यय दृश्यते न कारणत्वमात्रेण
समनन्तरादिप्रत्ययादिविशेषाप्रसङ्गात् । संचितालम्बनाश्च पञ्चविज्ञान-
काया[3a] स्वदाकारत्वात् । न च संचितमवयवसंहतिमात्राद् अन्यद्
विद्यते । तदवयवान् अपोह्य संचिताकारविज्ञानाभावात् । तस्माद् विनैव
बाह्येनार्थेन विज्ञानं संचिताकारमुत्पद्यते । न च परमाणव एव संचिता-
त्वालम्बनं परमाणूनाम् अतदाकारत्वात् । न ह्यसंचितावस्थातः संचि-
तावस्थायां परमाणूनां कश्चिदात्मातिशयः । तस्माद् असंचितवत् संचिता
अपि परमाणवो नैवालम्बनं । अन्यत्तु मन्यते । एकैकपरमाणुर् अन्यनिर-
पेक्षो ऽतीन्द्रियो बहवस्तु परस्परापेक्षा इन्द्रियग्राह्याः । तेषामपि सापेक्ष-
निरपेक्षावस्थयोर् आत्मातिशयाभावाद् एकान्तेनेन्द्रियग्राह्यत्वम् अतीन्द्रि-
यत्वं वा । यदि च परमाणव एव परस्परापेक्षा विज्ञानस्य विषयीभवन्ति ।
एवं सति यो ऽयं घटकुड्याद्याकारभेदो विज्ञाने स न स्यात् परमाणूनाम्
अतदाकारत्वात् । न चान्यनिर्भासस्य विज्ञानस्यान्याकारो विषयो युज्यते
ऽतिप्रसङ्गात् । न च परमाणवः स्वभादिवत् परमार्थतः सन्ति । अर्वाङ्-
मध्यपरभाग(1)सद्भावात् । तदनभ्युपगमे वा पूर्वदिग्विभागापरोत्तरादिदिग्-

---

(1) Ms. भाव॰. Tib. *čha* «partie».

भेदो यः स परमाणोर्न स्यात् । त[3b]त्स्य विज्ञानवत् । परमाणोर(1)च्च-
मूर्तत्वमदेशस्थत्वं च प्रसह्यते । एवं बाह्यार्थाभावाद् विज्ञानमेवार्थाकार-
मुत्पद्यते । स्वप्नविज्ञानवद् इत्यभ्युपेयं । वेदनादयो ऽपि नातीता नागताख्तदा-
कारविज्ञानजनका निरुद्धाजातत्वात् । न च वर्तमाना वर्तमानजनका
उत्पद्यमानावस्थायाम् असत्वाद् उत्पन्नावस्थायां विज्ञानस्यापि तदाका-
रेणोत्पन्नत्वान् न किंचित् कर्तव्यमस्तीति मनोविज्ञानमप्यनालम्बनमेवो-
त्पद्यते । अन्यस्त्वाह । असत्यात्मनि मुख्ये धर्मेषु चोपचारो न युज्यते ।
उपचारो हि त्रिषु भवति नान्यतमाभावे मुख्यपदार्थे तत्सदृशे ऽन्यस्मिन् विषये
तयोश्च सादृश्ये । तद् यथा मुख्ये ऽग्नौ तत्सदृशे च माणवके तयोश्च साधारणे
धर्मे कपिलत्वे तीक्ष्णत्वे वा सत्यग्निर्माणवक इत्युपचारः क्रियते । अत्र
ह्यग्निर्माणवक इति जातिद्रव्यं वोपचर्यते । उभयथाप्युपचाराभावः । तत्र
तावन्न जातेः साधारणं कपिलत्वं तीक्ष्णत्वं वा । न च साधारणधर्माभावे
माणवके जातेरुपचारो युज्यते ऽतिप्रसङ्गात् । अतद्धर्मत्वे ऽपि जातेः ।
तीक्ष्णत्वकपिलत्वयोर् जात्यविनाभावित्वान् माणवके जात्युपचारो भवि-
ष्यति । जात्यभावे ऽपि तीक्ष्णत्वकपिलत्वयोर् माणवके दर्शनाद् अविनाभा-
वित्वमयुक्तं । अविनाभाविते चो[4a]पचाराभावो ऽग्नाविव माणवके ऽपि
जातिसद्भावात् । तस्मान्न माणवके जात्युपचारः संभवति । नापि द्रव्योप-
चारः सामान्यधर्माभावात् । न हि यो ऽग्नेस्तीक्ष्णो गुणः कपिलो वा स एव
माणवके । किं तर्हि ततो ऽन्यः । विशेषस्य स्वाश्रयप्रतिबद्धत्वान् न विना-
ग्निगुणेनाग्नेर् माणवके उपचारो युक्तः । अग्निगुणसादृश्याद् युक्त इति
चेत् । एवमप्यग्निगुणस्यैव तीक्ष्णस्य कपिलस्य वा माणवकगुणे तीक्ष्णे कपिले
वा सादृश्याद् उपचारो युक्तो न तु माणवके ऽग्नेर् गुणसादृश्येनासंबन्धात् ।
तस्माद् द्रव्योपचारो ऽपि नैव युज्यते । मुख्यो ऽपि पदार्थो नास्ति तत्स्वरू-
पस्य सर्वज्ञानाभिधानविषयातिक्रान्तत्वात् । प्रधाने हि गुणरूपेणैव ज्ञाना-
भिधाने प्रवर्तेते तत्स्वरूपासंस्पर्शात् । अन्यथा च गुणवैयर्थ्यप्रसङ्गः । न हि
ज्ञानाभिधानव्यतिरिक्तो(2) ऽन्यपदार्थस्वरूपपरिच्छित्युपायो ऽस्तीत्यतः प्रधा-
नस्वरूपविषयज्ञानाभिधानाभावान् नैव मुख्यः पदार्थो ऽस्तीत्यवगन्तव्यं ।
एवं यावच्छब्दे संबन्धाभावाद् ज्ञानाभिधानाभाव एव चाभिधानाभिधे-
याभावान् नैव मुख्यः पदार्थो ऽस्ति । अपि च सर्व एवायं गौण एव न
मुख्यो ऽस्ति । गौणो हि नाम यो यच्चाविद्यमानेन रूपेण प्रवर्तते । सर्वश्च
शब्दः प्रधाने(3) [4b] ऽविद्यमानेनैव गुणरूपेण प्रवर्तते अतो मुख्यो

(1) Ms. परमाणोर्थ॰.

(2) Ms. न्यपदा॰.

(3) Ms. प्रधाणो.

नास्त्येव । तच्च यदुक्तं असत्यात्मनि मुख्ये धर्मेषु[1] चोपचारो न युक्त इति तद्युक्तं । विज्ञानपरिणामः कतिभेद इति न ज्ञायते । अतस्तद्भेदोपदर्श-नार्थमाह ।

परिणामः स च त्रिधा ॥ १ ॥

यच्चात्मा ह्युपचारो धर्मोपचारश्च । स पुनर्हेतुभावेन फलभावेन च विद्यते[2] । तत्र हेतुपरिणामो या ऽलयविज्ञाने विपाकनिःष्यन्दवासनाप-रिपुष्टिः । फलपरिणामः पुनर्विपाकवासनावृत्तिलाभाद् आलयविज्ञानस्य पूर्वकर्माक्षेपपरिसमाप्तौ या निकायसभागान्तरेष्वभिनिर्वृत्तिः । निःष्यन्द-वासनावृत्तिलाभाच्च । या प्रवृत्तिविज्ञानानां[3] क्लिष्टस्य च मनस आलय-विज्ञानाद् अभिनिर्वृत्तिः । तत्र प्रवृत्तिविज्ञानं कुशलाकुशलम् आलयवि-ज्ञाने विपाकवासनां निःष्यन्दवासनां चाधत्ते । अव्याकृतं क्लिष्टं च मनो निःष्यन्दवासनामेव । यो ऽसौ त्रिविधः परिणाम उक्तो ऽसावपि न ज्ञायते । अतस्तद्भेदप्रदर्शनार्थमाह ।

विपाको मननाख्यश्च विज्ञप्तिर्विषयस्य च ।

इति । स एष त्रिविधः परिणामो विपाकाख्यो मननाख्यो विषयविज्ञ-प्त्याख्यश्च । तत्र कुशलाकुशलकर्मवासनापरिपाकवशाद् यथाचेपं फलाभि-निर्वृत्तिर्विपाकः । क्लिष्टं मनो नित्यं मननात्मकत्वात् मननाख्यं । रूपादि-[5ᵃ] विषयप्रत्यवभासत्वात् चक्षुरादिविज्ञानं षट्प्रकारमपि विषयवि-ज्ञप्तिः । तत्स्वरूपनिर्देशमन्तरेण न[4] तत् प्रतीयते द्रव्यतो यस्य यत्स्वरूप तत् यथाक्रमं[5] प्रदर्शयन्नाह ।

तदालयाख्यं विज्ञानं विपाकः सर्वबीजकम् ॥ २ ॥

इति तच्चेति यो ऽयमनन्तरोक्तः त्रिविधः परिणामः । आलयाख्यमित्या-लयविज्ञानसंज्ञकं यद्विज्ञानं स विपाकपरिणामः । तत्र सर्वसांक्लेशिकधर्मबी-जस्थानत्वाद् आलयः । आलयः स्थानमिति पर्यायौ । अथ वालीयन्ते उपनिबध्यन्ते ऽस्मिन् सर्वधर्माः कार्यभावेन । तदालीयते उपनिबध्यते कारणभावेन सर्वधर्मेष्वित्यालयः । विजानातीति विज्ञानं । सर्वधातुगति-

---

[1] Ms. मध्येषु. Tib. *chos* «dharma».

[2] Le tib. a lu भिद्यते = *tha dad pa'o*.

[3] Ms. प्रवृत्तिविज्ञा°.

[4] न deest ms.; rétabli d'après tib. *mi rtogs*.

[5] Lacune du ms. यथाक्रमं rétabli d'après tib.

योनिजातिषु कुशलाकुशलकर्मविपाकत्वाद् विपाकः । सर्वधर्मबीजाश्रय-
त्वात् सर्वबीजकं । यदि प्रवृत्तिविज्ञानव्यतिरिक्तम् आलयविज्ञानमस्ति
ततो ऽस्यालम्बनम् आकारो वा वक्तव्यः । न हि निरालम्बनं निराकारं
वा विज्ञानं युज्यते । नैव तन् निरालम्बनं निराकारं वेष्यते । किं तर्ह्यपरि-
च्छिन्नालम्बनाकारं । किं कारणं । यस्माद् आलयविज्ञानं द्विधा प्रवर्तते ।
अध्यात्मम् उपादानविज्ञप्तितो बहिर्धा ऽपरिच्छिन्नाकारभाजनविज्ञप्तितश्च ।
तत्राध्यात्ममुपादानं परिकल्पितस्वभावाभिनिवेशवासना(1) साधिष्ठानम्
इन्द्रियरूपं नाम(2) च । अस्यालम्बनस्यातिसूक्ष्मत्वात् ।

असंविदि[5ᵇ]तकोपादिस्थानविज्ञप्तिकं च तत् ।

असंविदितक उपादिर्यस्मिन् असंविदितकावस्थानविज्ञप्तिर्यस्मिन् तदा-
लयविज्ञानम् असंविदितकोपादिस्थानविज्ञप्तिकं । उपादानम् उपादिः स
पुनरात्मादिविकल्पवासना रूपादिधर्मविकल्पवासना च । तत्सद्भावादाल-
यविज्ञानेनात्मादिविकल्पो रूपादिविकल्पश्च कार्त्स्न्येनोपात्त इति तद्वास-
नात्मादिविकल्पानां रूपादिविकल्पानां चोपादिरित्युच्यते । सो ऽस्मिन् इदं
तर्दिति प्रतिसंवेदनाकारेणासंविदित इत्यतत्तद्संविदितकोपादीत्युच्यते ।
आश्रयोपादानं चोपादिः । आश्रय आत्मभावः साधिष्ठानम् इन्द्रियरूपं
नाम च । तस्य पुनर्यदुपादानम् उपगमनम् एकयोगक्षेमलेन तदुपादिः ।
तत्र कामरूपधात्वोर्द्वयोर्नामरूपयोर् उपादानं । आरूप्यधातौ तु रूपवी-
तरागलाद्रूपविपाकानभिनिर्वृत्तेर् नामोपादानमेव । किं तु वासनावस्थमेव
तत्र रूपं न विपाकावस्थं । तत्पुनरुपादानम् इदंतया प्रतिसंवेदयितुमशक्य-
मित्यतो ऽसंविदित इत्युच्यते । स्थानविज्ञप्तिर्भाजनलोकसंनिवेशविज्ञप्तिः ।
साप्यपरिच्छिन्नालम्बनाकारप्रवृत्तत्वाद् असंविदितेत्युच्यते । कथं विज्ञानम्
अपरिच्छिन्नालम्बनाकारं भविष्यतीति । अन्यविज्ञानवादिनामपि निरो-
धसमापत्त्याद्यवस्थासु तुल्यमेतन् न च निरोधसमापत्त्याद्यवस्थासु विज्ञा-
[6ᵃ]नं नैवास्तीति शक्यते प्रतिपत्तुं । युक्तिविरोधात् सूत्रविरोधाच्चेति ।
तच्चालयाख्यं विज्ञानमित्युक्तं विज्ञानं चावश्यं चैत्तैः संप्रयुक्तमित्यतो वक्तव्यं
कतमैः कतिभिश्च तच्चैत्तैः(3) सदा संप्रयुज्यते । तथा किं तैः सर्वदा संप्रयु-
ज्यते । उत नेत्यत आह ।

सदा स्पर्शमनस्कारवित्संज्ञाचेतनान्वितम् ॥ ३ ॥

(1) Ms. ˚भावाविनि˚.
(2) Ms. नामश्च.
(3) Lacune du ms. comblée à l'aide du tib.

इति । सदेति यावदालयविज्ञानं तावदेभिः स्पर्श[1] मनस्कारवेदनासं-
ज्ञाचेतनाख्यैः पञ्चभिः सर्वचैगैर्धर्मैरन्वितं । वेदनं वित् । तच स्पर्शस्त्रिक-
संनिपाते इन्द्रियविकारपरिच्छेदः वेदनासंनिश्रय[2] कर्मकः । इन्द्रियवि-
षयविज्ञानानि चीर्येव[3] चिकं तस्य कार्यकारणभावेन समवस्थानं
चिकसंनिपातः । तस्मिन् सति तत्समकालमेवेन्द्रियस्य सुखदुःखादिवेदना-
नुकूलो[4] यो विकारस्तेन सदृशो विषयस्य सुखादिवेदनीयाकारपरि-
च्छेदो यः स स्पर्शः । इन्द्रियं पुनर्येन विश्रेषेण सुखदुःखादिहेतुलं प्रतिपद्यते
स तस्य विकारः[5] । स्पर्शः पुनरिन्द्रियविकारसादृश्येनेन्द्रियं स्पृश्यतीन्द्रियेण
वा स्पृश्यत[6] इति स्पर्शं उच्यते । अत एव विषयविकारपरिच्छेदात्मको
ऽपीन्द्रियविकारपरिच्छेद उक्तः । वेदनासंनिश्रयलमस्य कर्म । एवं ह्युक्तं
सूचे सुखवेदनीयं स्पर्शं प्रतीत्योत्पद्यते सुखं वेदितमिति विस्तरः । मन-
स्कारश्चेतस आभोगः । आभुजनमाभोगः । आलम्बने येन चित्त[6b]मभि-
मुखीक्रियते । स[7] पुनरालम्बने चित्तधारणकर्मा[8] । चित्तधारणं पुनस्त-
त्रवालम्बने पुनः पुनश्चित्तस्यावर्जनं । एतच्च कर्म चित्तसंततेरालम्बननियमेन
विश्रिष्टं मनस्कारमधिकृत्योक्तं न तु यः प्रतिचित्तचणं तस्य हि प्रतिचणमेव
व्यापारो न चणान्तरे । वेदना अनुभवस्वभावा । सा पुनर्विषयस्याह्लादक-
परितापकतदुभयाकारविविक्तस्वरूपसाचात्कारणभेदात् चिधा भवति ।
सुखा । दुःखा । अदुःखासुखा च । एवं त्वन्ये मन्यन्ते । शुभाशुभानां कर्मणां
फलविपाकं प्रत्यनुभवन्त्यनेनेत्यनुभवः । तत्र शुभानां कर्मणां सुखो ऽनुभवः
फलविपाकः । अशुभानां दुःखः । उभयेषामदुःखासुखः । अच चालयविज्ञा-
नस्येव शुभाशुभकर्मविपाकः । तत्स्[9] प्रयुक्तेवोपेचा परमार्थतः शुभाशुभानां
कर्मणां फलविपाकः । सुखदुःखयोस्तु कुशलाकुशलकर्मविपाकजलाद् विपा-
कोपचारः । तच सुखो ऽनुभवः[10] यस्मिन्नुत्पन्ने ऽविचोगेच्छा निरुद्धे च पुनः
संयोगेच्छा जायते । दुःखो ऽनुभवः यस्मिन्नुत्पन्ने वियोगेच्छा निरुद्धे च

---

(1) स्पर्श rétabli d'après tib.; lacune du ms.

(2) Lacune du ms. संनि ̇ ̇ कर्मकः

(3) Ms. स्त्रीएयेव.

(4) Lacune du ms. वेदा ̇ ̇ कूलो.

(5) Lacune du ms. वि ̇ ̇ स्पर्श.

(6) Ms. स्पृश्रत.

(7) Ms. न.

(8) Après °कर्मा le ms. a un kākapada suivi du signe ··

(9) Lacune du ms. °विपाकः ̇ ̇ ̇ प्रयुक्तै°.

(10) Lacune du ms. सुखो ̇ ̇ ̇ यस्मि°.

पुनरसंयोगेच्छा । अदुःखासुखी यस्मिन्नुत्पन्ने निरुद्धे[1] चोभयं न जायते ।
संज्ञा विषयनिमित्तोद्ग्रहणं । विषय आलम्बनं । निमित्तं तद्विशेषो नील-
पीताद्यालम्बनव्यवस्थाकारणं । तस्योद्ग्रहणं निरूपणं नीलमेतन्न पीतमि-
[7ᵃ]ति । चेतना चित्ताभिसंस्कारो मनसश्चेष्टा । यस्यां सत्यामालम्बनं
प्रति चेतसः प्रस्यन्द इव भवति अयस्कान्तवशादधःप्रस्यन्दवत् । वेदना
त्रिविधा सुखा दुःखा अदुःखासुखा च । धर्माश्चतुःप्रकाराः कुशला अकु-
शला अनिवृताव्याकृता निवृताव्याकृताश्च । तचालयविज्ञाने विदिति[2]
सामान्योपदेशेन न विज्ञायते तिसृणां वेदनानां कतमा वेदना । तथा
तदपि किं कुशलमकुशलमनिवृताव्याकृतं निवृताव्याकृतमिति न विज्ञायत
इत्यत आह ।

उपेक्षा वेदना तचानिवृताव्याकृतं च तत् ।

तचेत्यालयविज्ञानमेव प्रकृतत्वात्संबध्यते । उपेक्षैवालयविज्ञाने वेदना
न सुखा न दुःखा तयोः परिच्छिन्नालम्बनाकारत्वात् । रागद्वेषानुशयि-
तत्वाच्च । अनिवृताव्याकृतं च तत् । आलयविज्ञानमिति प्रकृतं । तचानिवृ-
तग्रहणं निवृतव्यवच्छेदार्थं । अव्याकृतग्रहणं कुशलाकुशलव्यवच्छेदार्थं ।
मनोभूमिकैरागन्तुकैरुपक्लेशैरनावृतत्वादनिवृतं । विपाकत्वाद्विपाकं प्रति
कुशलाकुशलत्वेनाव्याकरणाद्व्याकृतम् ।

तथा स्पर्शादयः ।

यथा आलयविज्ञानमेकान्तेन विपाको ऽपरिच्छिन्नालम्बनाकारं सदा
स्पर्शादिभिरन्वितम् । तच चोपेक्षैव वेदनानिवृताव्याकृतं च । तथा स्पर्शा-
दयो ऽप्येकान्तेन विपाका एवापरिच्छिन्नालम्बनाकाराश्च । आत्मानं हित्वा
इतरैश्चतुर्भिरालयविज्ञानेन च नित्य[7ᵇ]मनुगतास्तेषु चोपेक्षैव वेदना
अनिवृताव्याकृताश्चालयविज्ञानवत् । न हि विपाकेन संप्रयुक्तानामविपा-
कत्वमपरिच्छिन्नालम्बनाकारेण च परिच्छिन्नालम्बनाकारत्वं संभवति ।
एवमन्यत्रापि वाच्यं । किं पुनस्तदालयविज्ञानमेकमभिन्नमासंसारमनुवर्तते ।
उत सन्तानेन । न हि तदेकमभिन्नमनुवर्तते क्षणिकत्वात् । किं तर्हि ।

तच वर्तते स्रोतसौघवत् ॥ ४ ॥

तच्चेत्यालयविज्ञानमेव संबध्यते । तत्र स्रोतो हेतुफलयोर्निरन्तर्येण प्रवृत्तिः । उदकसमूहस्य पूर्वापरभागाविच्छेदेन[1] प्रवाह ओघ इत्युच्यते । यथा ह्योघस्तृणकाष्ठगोमयादीनाकर्षयन्गच्छति एवमालयविज्ञानमपि पुण्यापुण्यानेज्यकर्मवासनानुगतं स्पर्शमनस्कारादीनाकर्षयत्स्रोतसा संसार-मनुपरतं प्रवर्तत इति । तस्यैवं स्रोतसा प्रवृत्तस्य कस्यामवस्थायां व्यावृत्तिरित्याह ।

तस्य व्यावृत्तिरर्हत्त्वे

किं पुनरर्हत्त्वं यद्योगादर्हन्नित्युच्यते । कस्य पुनर्योगादर्हन्नित्युच्यते । क्षय-ज्ञानानुत्पादज्ञानलाभात् । तस्यां ह्यवस्थायामालयविज्ञानाश्रितदौष्ठुल्य-निरवशेषप्रहाणादालयविज्ञानं व्यावृत्तं भवति । सैव चार्हदवस्था ।

उक्तः सविभङ्गो विपाकपरिणामः । इदानीं मननाख्यं द्वितीयं परिणाम-माह । तदाश्रित्य प्रवर्तत इति विस्तरः । तत्र यथा च [8a] चुरादिविज्ञा-नानां चक्षुरादय आश्रयत्वेन रूपादयश्चालम्बनत्वेन प्रसिद्धाः । नैवं क्लिष्टस्य मनस आश्रय आलम्बनं वा प्रसिद्धं । न च विज्ञानमाश्रयालम्बननिरपेक्षं युज्यत इत्यतः क्लिष्टस्य मनस आश्रयालम्बनप्रतिपादनार्थं निरुक्तिप्रतिपा-दनार्थं चाह ।

तदाश्रित्य प्रवर्तते ।
तदालम्बं मनोनाम विज्ञानं मननात्मकम् ॥ ५ ॥

तदाश्रित्य प्रवर्तत इति तच्छब्देनालयविज्ञानमभिसंबध्यते । तद्वासना-श्रयो ह्यालयविज्ञानमतस्तदाश्रित्य प्रवर्तते संतानेनोत्पद्यत इत्यर्थः । अथ वा यस्मिन्धातौ भूमौ वालयविज्ञानं विपाकस्तदपि क्लिष्टं मनस्तद्धातुकं तद्भूमिकं चेति तत्प्रतिबद्धवृत्तित्वात्तदाश्रित्य प्रवर्तते । तदालम्बमिति । आलयविज्ञानालम्बनमेव सत्कायदृष्ट्यादिभिः संप्रयोगादहं ममेत्यालय-विज्ञानालम्बनत्वात् । कथं पुनर्यत एव चित्तादुत्पद्यते तदेवालम्बनं भवति । यथा तदनिच्छतां केषांचित्क्वस्यांचिदवस्थायां यत एव चित्तान्मनोविज्ञा-नमुत्पद्यते तदालम्बनमेव तदुत्पद्यते । मनोनाम विज्ञानमिति । मन इति नाम आख्या यस्य विज्ञानस्य तदालयविज्ञानमाश्रित्य प्रवर्तते तदालम्बनं च मनोनाम इत्यनेनालयविज्ञानात्प्रवृत्तिविज्ञानाच्च व्यवच्छिनत्ति । तत्पुनः किंस्वभावमित्याह । मननात्मकमिति । एवं मननात्मकत्वा[8b]-न्मन इत्युच्यते निरुक्तेन विधिना । विज्ञानस्वरूपलाद्वश्यं तच्चित्ते संप्रयुज्यते ।

(1) Ms. अविविच्छेन.

इदं तु न ज्ञायते कतमैस्तच्चैत्तैः कियद्भिः कियन्तं कालं[1] वा संप्रयुज्यत इत्यत आह ।

क्लेशैश्चतुर्भिः सहितं निवृताव्याकृतैः सदा ।

चैत्ता हि द्विप्रकाराः क्लेशास्तदन्ये च । तदन्येभ्यो व्यवच्छेदार्थमाह क्लेशैरिति । क्लेशा अपि षट् । न च तैः संप्रयुज्यते ऽतश्चतुर्भिरित्याह । सहितमिति संप्रयुक्तम् । क्लेशा अपि द्विविधाः । अकुशला निवृताव्याकृताश्च । अकुशलेभ्यो विशेषार्थमाह निवृताव्याकृतैरिति । न हि निवृतेन विज्ञानेनाकुशलानां संप्रयोगः संभवति । निवृताः क्लिष्टत्वात् । अव्याकृताः कुशलाकुशलेनाव्याकरणात् । सदेति सर्वकालं । यावदस्ति तावत्तैः संप्रयुक्तम् सामान्यनिर्देशाद्विशेषतो न ज्ञायन्त इति विशेषतो निर्दिशति ।

आत्मदृष्ट्यात्ममोहात्ममानात्मस्नेहसंज्ञितैः ॥ ६ ॥

उपादानस्कन्धेष्वात्मेति दर्शनमात्मदृष्टिः सत्कायदृष्टिरित्यर्थः । मोहो ऽज्ञानम् । आत्मन्यज्ञानमात्ममोहः । आत्मविषये मान आत्मानो ऽस्मिमान इत्यर्थः । आत्मनि स्नेह आत्मप्रेमेत्यर्थः । तच्चालयविज्ञानस्वरूपे संमूढः सन्नालयविज्ञाने आत्मदृष्टिमुत्पादयति । आत्मदर्शनाद्या चित्तस्योन्नतिः सो ऽस्मिमानः । एतस्मिंस्त्रये सति आत्माभिमते वस्तुनि यो ऽभिष्वङ्गः स आत्मस्नेहः । आ [9a] ह च ।

अविद्यया चात्मदृष्ट्या चास्मिमानेन तृष्णया ।
एभिश्चतुर्भिः संक्लिष्टं मननात्मकचणं मनः ॥
विपर्यासनिमित्तं तु मनः क्लिष्टं सदैव यत् ।
कुशलाव्याकृते चित्ते सदाहङ्कारकारणम् ॥

एते हि

आत्ममोहादयः क्लेशा मनोवन्नवभूमिकाः ।

इह च सामान्येनाभिधानान्न ज्ञायते किं खभूमिकैरेव संप्रयुज्यते । उतान्यभूमिकैरपीत्यत आह ।

यच्चजस्तन्मयैर्

इति । यच्च जातौ यच्चजः । तन्मयैरिति यच्च धातौ भूमौ वा जातस्तद्धा-

(1) कालं deest ms.; suppléé d'après tib. et chin.

तुकेः तद्भूमिकेरेव च संप्रयुज्यते । नान्यधातुकैरन्यभूमिकैर्वा । किं पुनश्चतु-
र्भिरेव क्लेशैः संप्रयुज्यते । नेत्याह ।

अन्यैः सर्वाद्येश्च

संप्रयुज्यत इति संबध्यते । चशब्दः समुच्चयार्थः । सर्वाद्यैरिति सर्वमन-
स्कारवेदनासंज्ञाचेतनाभिः । एते हि पञ्च धर्माः सर्वत्रगत्वात्सर्वविज्ञानैः
संप्रयुज्यन्ते । एतैरपि यत्र जातस्तन्मयैरेव संप्रयुज्यते नान्यधातुभूमिकैः ।
अथ वान्यैरिति मूलविज्ञानसंप्रयुक्तेभ्यो व्यवच्छेदार्थम् । मूलविज्ञाने ह्यनि-
वृत्तावव्याकृताः सर्वाद्यः । क्लिष्टे तु मनसि मनोवन्निवृत्ताव्याकृताः । यदि
तत्क्लिष्टं मनः कुशलक्लिष्टाव्याकृतावस्थास्वविशेषेण प्रवर्तते न तस्य तर्हि
निवृत्तिरस्ति । अनिवृत्ते च तस्मिन्कुतो मोक्ष इति कथं न मोक्षाभावः प्रस-
ज्यते । न प्रसज्यते यस्मात् ।

अर्हतो न तत् ।
न निरोधसमापत्तौ मार्गे लोकोत्तरे [9b] न(1) च ॥ ७ ॥

अर्हतस्तावद्वेषक्लेशप्रहाणात्क्लिष्टं मनो नैवास्ति । तद्धि भावाग्रिकभाव-
नाप्रहातव्यक्लेशवद्हत्वप्राप्त्यानन्तर्यमार्गेणैव प्रहीयते । तदन्यक्लेशवद्हत्वा-
वस्थायां नैव विद्यते । आकिंचन्यायतनवीतरागस्याथनागामिनो निरोध-
समापत्तिलाभिनो मार्गबलेन निरोधसमापत्तेर्लभ्यत्वाच्चार्गवन्निरोधसमा-
पत्त्यवस्थायामपि निरुध्यते । निरोधाच्च व्युत्थितस्य पुनरालयविज्ञानादेव
प्रवर्तते । मार्गे लोकोत्तरे न(2) चेति । लोकोत्तरग्रहणं लौकिकव्यवच्छेदार्थम् ।
लौकिके तु मार्गे क्लिष्टं मनः प्रवर्तत एव । नैरात्म्यदर्शनस्याद्धर्मदर्शनप्रति-
पक्षत्वान्न लोकोत्तरमार्गे प्रवर्तितुमुत्सहे(त) । विपक्षप्रतिपक्षयोर् यौगप-
द्याल्लोकोत्तरमार्गे तन्निरुध्यते । तस्मादपि व्युत्थितस्य पुनरालयविज्ञानादे-
वोत्पद्यते ।

द्वितीयः परिणामो ऽयम्

उद्दिष्टो निर्दिष्टश्चेति निगमयति । द्वितीयपरिणामानन्तरं तृतीयपरि-
णामो वक्तव्य इत्यत आह ।

तृतीयः षड्विधस्य या ।

विषयस्योपलब्धिः सा

(1) Ms. ˚त्रेण च.
(2) Ms. ˚त्रेण.

तृतीयो विज्ञानपरिणाम इति वाक्यशेषः । षड्विधस्खेति षट्प्रकारस्य
रूपशब्दगन्धरसस्प्रष्टव्यधर्मात्मकस्य विषयस्य या उपलब्धिर्ग्रहणं प्रतिपत्ति-
रित्यर्थः । सा पुनः किं कुशला अकुशला अव्याकृतेत्यत आह ।

कुशलाकुशलाद्वया ॥ ८ ॥

कुशला अकुशला अद्वयेत्यान्[10a]तापि । अलोभाद्वेषामोहैः संप्र-
युक्ता कुशला । लोभद्वेषमोहैः संप्रयुक्ता अकुशला । कुशलाकुशलैरसंप्रयुक्ता
अद्वया न कुशला नाकुशलेत्यर्थः । सा पुनः कीदृशैश्चैतसिकैः संप्रयुज्यते ।
कियन्तो वा तत्संप्रयोगिणश्चैतसिका द्त्यत आह ।

सर्वत्रगैर्विनियतैः कुशलैश्चैतसैरसौ ।
संप्रयुक्ता तथा क्लेशैरुपक्लेशैस्त्रिवेदना ॥ ९ ॥

य एते सर्वत्रगा उद्दिष्टास्ते न विज्ञायन्त इत्यतस्तत्प्रदर्शनार्थमाह ।

आद्याः सर्वत्रगाः

आदौ निर्दिष्टत्वादाद्याः सर्वत्रगा इत्यर्थः । तथा हि ।

सदास्पर्शमनस्कारवित्संज्ञाचेतनान्वितम् ।

इति प्रथमतो निर्दिष्टाः । स्पर्श एषामादिरिति स्पर्शाद्यः । ते पुनः
स्पर्शमनस्काराद्यः पञ्च धर्माः सर्वं चित्तमनुगच्छन्तीति सर्वत्रगाः । तथा
ह्येत आलयविज्ञाने क्लिष्टे मनसि प्रवृत्तिविज्ञानेषु च विशेषेण प्रवर्तन्ते ।
विनियतानधिकृत्याह ।

छन्दाधिमोक्षस्मृतयः सह ।

समाधिधीभ्यां नियताः

विशेषे नियतत्वाद्विनियताः । एषां हि विशेष एव विषयो न सर्वः ।
तत्र छन्दोऽभिप्रेते वस्तुन्यभिलाषः । अभिप्रेते वस्तुन्यभिलाष इति प्रतिनि-
यतविषयत्वं चापितं भवत्यनभिप्रेते छन्दाभावात् । दर्शनश्रवणादिक्रि-
याविषयत्वेन यदभिमतं वस्तु तदभिप्रेतं । तत्र दर्शनश्रवणादिप्रार्थना
छन्दः । स च वीर्यारम्भसंनिश्रयदान[10b]कर्मकः । अधिमोक्षो निश्चिते
वस्तुनि तथैवावधारणं । निश्चितग्रहणमनिश्चितप्रतिषेधार्थं । युक्तित
आप्तोपदेशतो वा यद्वस्तु असंदिग्धं तन्निश्चितं येनैवाकारेण तन्निश्चित-
मनित्यदुःखाद्याकारेण तेनैवाकारेण तस्य वस्तुनश्चेतस्यभिनिवेशनमेवमे-
तन्नान्यथेत्यवधारणमधिमोक्षः । स चासंहार्यतादानकर्मकः । अधिमुक्ति-
प्रधानो हि स्वसिद्धान्तात्परप्रवादिभिरपहर्तुं न शक्यते । स्मृतिः संस्तुते

वस्तुन्यसंप्रमोषश्चेतसो ऽभिलपनता । संस्तुतं वस्तु पूर्वानुभूतं । आलम्बनग्र-
हणाविप्रणाशकारणत्वादसंप्रमोषः । पूर्वंगृहीतस्य वस्तुनः पुनः पुनरालम्ब-
नाकारस्मरणमभिलपनता । अभिलपनमेवाभिलपनता । सा पुनरविचेपक-
र्मिका । आलम्बनाभिलपने सति चित्तस्यालम्बनान्तरे आकारान्तरे वा
विचेपाभावाद्विचेपकर्मिका । समाधिरुपपरीच्ये वस्तुनि चित्तस्यैकाग्रता ।
उपपरीच्यं वस्तु गुणतो दोषतो वा । एकाग्रता एकालम्बनता । ज्ञानसंनिश्रय-
दानकर्मकः । समाहिते चित्ते यथाभूतपरिज्ञानात् । धीः प्रज्ञा । साप्युपपरीच्य
एव वस्तुनि प्रविचयो योगायोगविहितो ऽन्यथा वेति । प्रविचिनोतीति
प्रविचयः । यः सम्यङ् मिथ्या वा संकीर्णस्वसामान्यलच्चणेष्विव धर्मेषु
विवेकावबोधः । युक्तिर्योगः । स पुनराप्तोपदेश्यो ऽनुमानं प्रत्यच्च [1 1ᵃ] च ।
तेन त्रिप्रकारेण योगेन यो जनितः स योगविहितः । स पुनः श्रुतमयश्चि-
न्तामयो भावनामयश्च । तत्राप्तवचनप्रामाण्याद्यो ऽवबोधः स श्रुतमयः ।
युक्तिनिध्यानजश्चिन्तामयः । समाधिजो भावनामयः । अयोगो ऽनाप्तो-
पदेश्यो ऽनुमानाभासो मिथ्याप्रणिहितश्च समाधिश्चेनायोगेन जनितो
ऽयोगविहितः । उपपत्तिप्रतिलम्भिको लौकिकव्यवहारावबोधश्च न योग-
विहितो नायोगविहितः । एषा च संग्रय(1) व्यावर्तनकर्मिका । संग्रय(2)-
व्यावर्तनं प्रज्ञया धर्मान्प्रविचिन्वतो निश्चयलाभादिति । एते हि पञ्च धर्माः
परस्परं व्यतिरिच्यापि व्यावर्तन्ते । एवं यत्राधिमोचस्तत्र नावश्यमितरैरपि
भवितव्यं । एवं सर्वत्र वाच्यं । उक्ता विनियताः । तदनन्तरोद्दिष्टास्त्विदानीं
कुश्ला वक्तव्या इत्यत आह ।

श्रद्धाथ ह्रीरपत्रपा ॥ १० ॥

श्रलोभादित्रयं वीर्यं प्रश्रब्धिः साप्रमादिका ।

श्रहिंसा कुश्लाः

एत एकादश धर्मा इति वाक्यशेषः । तत्र श्रद्धा कर्मफलसत्यरत्नेष्वभिसं-
प्रत्ययः प्रसादश्चेतसोऽभिलाषः । श्रद्धा हि त्रिधा प्रवर्तते । सति वस्तुनि
गुणवत्यगुणवति वा संप्रत्ययाकारा । सति गुणवति च प्रसादाकारा ।
सति गुणवति च प्राप्तुमुत्पादयितुं वा शक्ये ऽभिलाषाकारा । चेतसः
प्रसाद इति । श्रद्धा हि चित्तकालुष्यवैरोधिकीत्यत [1 1ᵇ] तत्संप्रयोगे
क्लेशोपक्लेशमलकालुष्यविगमाच्चित्तं श्रद्धामागम्य प्रसीदतीति चेतसः प्रसाद
उच्यते । सा पुनश्छन्दसंनिश्रय(3) दानकर्मिका । ह्रीरात्मानं धर्मं वाधिपतिं
कृत्वावद्येन लज्जा । सद्भिर्गर्हितत्वादनिष्टविपाकत्वाच्च पापमेवावद्यं । तेना-

---

(1) Ms. प्रांसय॰.
(2) Ms. प्रांसय॰.
(3) Ms. संनिसय॰.

वद्येन छतेनाछतेन वा या चित्तस्यावलीनता लज्जा सा ह्रीः । इयं च दुश्चरितसंयमसंनिश्रयदानकर्मिका । अपत्राप्यं लोकमधिपतिं छत्वावद्येन लज्जा । लोके ह्येतन्न्रह्हितं मां चैवंकर्माणं विदित्वा गर्हिष्यतीत्यस्रोकादि- भयाद्येन लज्जते । इदमपि दुश्चरितसंयमनसंनिश्रयदानकर्मकं । अलोभो लोभप्रतिपच्चः । लोभो नाम भवे भवोपकरणेषु च यासक्तिः[1] प्रार्थना च । तत्प्रतिपच्चो ऽलोभो भवे भवोपकरणेषु चानासक्तिः[1] वैमुख्यं च । अयं च दुश्चरिताप्रवृत्तिसंनिश्रयदानकर्मकः । अद्वेषो द्वेषप्रतिपच्चो मैत्री । द्वेषो हि सत्त्वेषु दुःखे दुःखस्थानीयेषु च धर्मेष्वाघातः । अद्वेषो द्वेषप्रतिपच्चत्वात्सत्त्वेषु दुःखे दुःखस्थानीयेषु च धर्मेष्वनाघातः । अयमपि दुश्चरिताप्रवृत्तिसंनि- श्रयदानकर्मकः । अमोहो मोहप्रतिपच्चः । अयथाभूतसंप्रतिपत्तिर्मोहः । कर्मफ- लसत्यरत्नेष्वज्ञानं । मोहप्रतिपच्चत्वादमोहस्तेष्वेव कर्मफलसत्यरत्नेषु संप्रति- पत्तिः । अयमपि दुश्चरिताप्रवृत्तिसंनिश्र[१२ᵇ]यदानकर्मकः । वीर्यं कौशीद्य- प्रतिपच्चः । कुश्ले चेतसो ऽभ्युत्साहः । न तु क्लिष्टे । क्लिष्टे तूत्साहः कुत्सितत्वात्कौ- श्रीद्यमेव । एतच्च कुश्लपच्चपरिपूरणपरिनिश्रयकर्मकं । प्रश्रब्धिर् दौष्ठुल्यप्रति- पच्चः कायचित्तकर्मण्यता । दौष्ठुल्यं कायचित्तयोरकर्मण्यता सांक्लेशिक- धर्मबीजानि च । तदपगमे प्रश्रब्धिसद्भावात् । तच्च कायकर्मण्यता कायस्य स्वकार्येषु[2] लघुससत्यानता यतो भवति । चित्तकर्मण्यता सम्यङ् मनसि- कारसंप्रयुक्तात्साह्लादलाघवनिमित्तं यच्चैतसिकं धर्मान्तरं यद्योगाच्चित्तमाल- म्बने प्रवर्तते तत्स्वचित्तकर्मण्यतेत्युच्यते । कायस्य पुनः स्पृष्टव्यविशेष एव प्रोत्या हृतः कायप्रश्रब्धिर्वेदितव्या । प्रीतमनसः कायः प्रश्रभ्यत इति सूत्रे वचनात् । इयं तद्द्शेनाश्रय[3] परावृत्तितो ऽश्रेषक्लेशावरणनिष्कर्षणक- र्मिका । साप्रमादिका सहाप्रमादेन वर्तत इति साप्रमादिका । का पुनरसौ । उपेच्चा । कुत एतत् । एकान्तकुश्लत्वात् सर्वंकुश्लानां चेह निर्देशाधिकारा- च्छ्रद्धादिवत्[4] साच्चादनिर्देशात् तद्व्यतिरिक्तान्यकुश्लाभावाच्च उपेच्चैव विज्ञायते । तच्चाप्रमादः प्रमादप्रतिपच्चः । अलोभाद्यावद्वीर्यमप्रमादः । यैरलो[5]भादीन्निश्रित्याकुश्लान्धर्मान्प्रजहाति तत्प्रतिपच्चांश्च कुश्लान्ध- र्मान्भावयति [१७ᵇ] ते ऽलोभादयो ऽप्रमादः । अत एव प्रमादप्रतिपच्चः प्रमादस्खातो विपरीतत्वात् । स पुनर् लौकिकलोकोत्तरसंपत्तिपरिपूरण- कर्मकः । उपेच्चा चित्तसमता चित्तप्रश्रठता चित्तानाभोगता । एभिस्त्रिभिः पद्वैरुपेच्चा या आदिमध्यावसानावस्था द्योतिता । तच्च लय औद्धत्यं वा चेतसो

---

[1] Ms. ⁰शक्ति⁰.

[2] Ms. यस्य स्वकाल्तेषु; tib. *lus rań gi dgos pa rnams la.*

[3] Ms. ⁰त्रय⁰.

[4] Ms. ⁰च्छृद्दादिवा.

[5] Ms. यानलोभा⁰.

वेषम्य्य् । तस्याभावादादौ चित्तसमता । ततो ऽनभिसंस्कारेणाप्रयत्नेन समा-
हितचेतसो यथाभियोगं समखेव या प्रवृत्तिः सा चित्तप्रष्ठता [1] । सा
पुनरवस्था लयौद्धत्यशङ्का [2] नुगताचिरभाविस्वात् । ततो भावनाप्रकर्षगम-
नात्तद्विपक्षदूरीभावात्तच्छङ्काभावे लयौद्धत्यप्रतिपक्षनिमित्तेष्वाभोगमकु-
र्वतो ऽनाभोगावस्था चित्तस्यानाभोगता । इयं च सर्वक्लेशोपक्लेशानवकाशसं-
निश्रयदानकर्मिका । अविहिंसा विहिंसाप्रतिपक्षः । वधबन्धनादिभिः
सत्वानामविहेठनमविहिंसा सत्वेषु करुणा । कं रुणद्धीति करुणा । कमिति
सुखस्याख्या सुखं रुणद्धीत्यर्थः । कारुणिको हि परदुःखदुःखी भवतीति । इयं
चाविहेठनकर्मिका । उक्ता एकादश कुशलास्तदनन्तरोद्दिष्टास्तु क्लेशा इत्यत-
स्तानधिकृत्याह ।

क्लेशा रागप्रतिघमूढयः ॥ ११ ॥
मानदृग्विचिकित्साश्च

इति रागश्च प्रतिघश्च मूढिश्च रागप्रतिघमूढयः । तत्र रागो भवभोगयो-
रध्यवसानं प्रार्थना च । स पुनर्दुःखसंयोजनकर्मकः । दुःखमच्चोपादानस्क-
न्धास्ते [13a] षां कामरूपाद्यूप्यतृष्णावशा [3] द्भिनिवृत्तिः । अतो रागस्य
दुःखसंयोजनं कर्म निर्दिश्यते । प्रतिघः सत्वेष्वाघातः सत्वेषु रूक्षचित्तता
येनाविष्टः सत्वानां वधबन्धनादिकमनर्थं चिन्तयति । स पुनरस्पर्शविहार-
दुश्चरितसंनिश्रयदानकर्मकः । स्पर्शः सुखं तेन सहितो विहारः स्पर्शविहारः
न स्पर्शविहारी ऽस्पर्शविहारः दुःखसहित इत्यर्थः । आघातचित्तत्वावस्थं
दौर्मनस्यसमुदाचाराच्चित्तं तप्यते । चित्तानुविधानाच्च कायो ऽपि तप्यत
एवेति सर्वेषामुपायेषु [4] सदुःखसविघातो ऽस्पर्शविहारो भवति । प्रतिहतचि-
त्तस्य च न किंचि दुश्चरितं विदूर इति प्रतिघो ऽस्पर्शविहारदुश्चरितसं-
निश्रयदानकर्मक उक्तः । मोहो ऽपायेषु सुगतौ निर्वाणे तत्प्रतिष्ठापकेषु हेतुषु
तेषां चाविपरीते हेतुफलसंबन्धे यदज्ञानम् । अयं च संक्लेशोत्पत्तिसंनिश्रयदा-
नकर्मकः । तत्र क्लेशकर्मजन्मात्मकस्त्रिविधः संक्लेशः । तस्योत्पत्तिः पूर्वपूर्वसं-
क्लेशनिमित्त उत्तरोत्तरस्य संक्लेशस्यात्मलाभः । उत्पत्तेः संनिश्रयदानकर्म ।
मूढस्यैव हि मिथ्याज्ञानसंशयरागादिक्लेशपौनर्भविककर्मजन्मनां प्रवृत्ते-
र्नामूढस्येति । मानः । मानो हि नाम सर्व एव सत्कायदृष्टिसमाश्रयेण
प्रवर्तते । स पुनश्चित्तस्योन्नतिलक्षणः । तथा ह्यात्मात्मीयभावं स्कन्धेष्वध्या-
रोप्यायमहमिदं ममेत्यात्मानं तेन तेन वि [13b] शेषेणोन्नमयति अन्ये-

[1] Ms. प्रसहता.
[2] Ms. ऽशङ्का.
[3] Ms. ऽवसा.
[4] Ms. सर्वेषां पथेषु.

भ्यो ऽधिकं मन्यते । स चागौरवदुःखोत्पत्तिसंनिश्रयदानकर्मकः । अगौरवं
गुरुषु गुणवत्सु च पुद्गलेषु स्तब्धता काचवाचोरप्रसृतता दुःखोत्पत्तिः पुनश्च
पुनर्भवोत्पत्तिः । स च पुनश्चित्तोन्नतिस्वरूपामेदे ऽपि चित्तोन्नतिनिमित्तभे-
दात्सप्तधा भिद्यते । मानो ऽतिमान इत्येवमादि । हीनात्कुलविज्ञानवित्ता-
दिभिः श्रेयानस्मि कुलविज्ञानवित्तादिभिरिति या चित्तस्योन्नतिः सदृशेन
वा कुलादिभिरेव सदृशो ऽस्मीति या चित्तस्योन्नतिः स मानः । अतिमानः ।
कुलविज्ञानवित्तादिभिः सदृशात्त्यागशीलपौरुषादिभिः श्रेयानस्मि श्रेयसा
वा कुलविद्यादिभिः सदृशो ऽस्मि विज्ञानवित्तादिभिरित्ययमतिमानः ।
श्रेयसः कुलविज्ञानवित्तेरहमेव श्रेयान्कुलविज्ञानवित्तैरिति या चित्त-
स्योन्नतिरयं मानातिमानः । अस्मिमानः । पञ्चसूपादानस्कन्धेष्वात्मात्मीयर-
हितेष्वात्मात्मीयाभिनिवेशाद्या चित्तस्योन्नतिः सो ऽस्मिमानः । अभिमानः ।
अप्राप्त उत्तरे विशेषाधिगमे प्राप्तो मयेति या चित्तस्योन्नतिः सो ऽभिमानः ।
ऊनमानः । बह्वन्तरविशिष्टात्कुलविद्यादिभिरल्पान्तरहीनो ऽस्मि कुलविद्या-
दिभिरिति या चित्तस्योन्नतिरयमूनमानः । मिथ्यामानः । अगुणवतो गुण-
वानस्मीति या चित्तस्योन्नतिः स मिथ्यामानः । अगुणा हि दौःशील्याद्यस्ते
यस्य विद्यन्ते सो [14ᵃ] ऽगुणवान् । तस्मादगुणवानस्योत्थेन हि दानशीला-
द्यभावे ऽपि गुणवत्त्वमभ्युपगतं भवतीत्यतो निर्वस्तुकत्वान्मिथ्यामान इत्युच्यते ।
दृगिति सामान्यनिर्देशे ऽपि क्लेशाधिकारात्येव क्लेशात्मिका सत्कायदृष्ट्या-
दिका दृष्टयः संबध्यन्ते । न लौकिकी सम्यग्दृष्टिरनास्रवा । आसां तु
क्लिष्टनितीरणाकारत्वाद्विशेषे ऽप्यालम्बनाकारभेदात्परस्परतो भेदः । तत्र
सत्कायदृष्टिरित्यत्र पञ्चसूपादानस्कन्धेष्वात्मात्मीयदर्शनम् । अन्तग्राहदृष्टिस्तेष्वेव
पञ्चसूपादानस्कन्धेष्वात्मात्मीयत्वेन गृहीतेषु यदुच्छेदतः शाश्वततो वा
दर्शनं । मिथ्यादृष्टिः । यया मिथ्यादृष्ट्या हेतुं वापवदति फलं क्रियां वा
सद्वा वस्तु नाभ्युपयति । सा सर्वदर्शनपापत्वान्मिथ्यादृष्टिरित्युच्यते । दृष्टिपरा-
मर्षः । पञ्चसूपादानस्कन्धेष्वयतो विशिष्टतः श्रेष्ठतः परमतश्च यद्दर्शनं ।
शीलव्रतपरामर्षः । पञ्चसूपादानस्कन्धेषु शुद्धितो मुक्तितो नैर्याणिकतश्च
यद्दर्शनं । विचिकित्सा । कर्मफलसत्यरत्नेषु विमतिः । विविधा मतिर्विमतिः ।
स्यान्न स्यादिति । प्रज्ञात्वेयं जात्यन्तरमेवोक्ता । उक्ताः षट्क्लेशास्तदनन्तरो-
द्दिष्टास्विदानीमुपक्लेशा वक्तव्या इत्यत आह ।

क्रोधोपनहने पुनः ।

म्रचः प्रदाश ईर्ष्याथ मात्सर्यं सह मायया ॥ ७२ ॥

शाठ्यं [1] मदो ऽविहिंसा ह्रीरचपा स्त्यानमुद्धवः ।

आश्रद्धमथ कौशीद्यं प्रमादो मुषिता स्मृतिः ॥ ७३ ॥

[1] Ms. साठ्यं.

विक्षेपोऽसंप्रजन्यं च कौकृत्यं [१४ᵃ] मिद्धमेव च।
वितर्कश्च विचारश्चेत्युपक्लेशा द्वये द्विधा॥ ७४॥

तत्र क्रोधो वर्तमानमपकारमागम्य यश्चेतस आघातः। अयं चाघातस्व-
रूपत्वात्प्रतिघान्न भिद्यते। किंत्वस्य प्रतिघस्यावस्थाविशेषे प्रज्ञप्तत्वात्प्रति-
घांशिकः।[1] वर्तमानमपकारमागम्य यश्चेतस आघातः सत्त्वासत्त्वविषयो
दण्डदानादिसंनिश्रयदानकर्मकश्च स क्रोध इति प्रज्ञप्यते। उपनाहो वैरा-
नुबन्धः। क्रोधादूर्ध्वं ममानेनेदमपकृतमित्यस्य वैरात्मकस्यानुशयस्या-
नुत्सर्गः प्रबन्धेन प्रवर्तनमुपनाहः। अयं चाचान्तिसंनिश्रयदानकर्मकः।
अचान्तिरपकारामर्षणं प्रत्यपकारचिकीर्षा च। अयमपि क्रोधवत्प्रद्वेषा-
वस्थाविशेषे प्रज्ञप्यते। अतः प्रज्ञप्तिसन्नेव वेदितव्यः। म्रक्ष आत्मनो एवप्र-
च्छादना छन्दद्वेषभयादीन्निराकृत्य काले तद्धितैषिणा चोद्यमाने तत् त्वमेवं-
कारीत्यनुयुक्तस्य मोहांशिक्यवद्यप्रच्छादना म्रक्षः। मोहांशिकत्वं तु म्रक्षस्य
प्रच्छादनाकरत्वात्। अयं च कौकृत्यास्त्रसंनिश्रयदानकर्मकः। धर्मतैषा
यदवद्यं प्रच्छादयतः कौकृत्यमुत्पद्यते। कौकृत्याच्चावश्यं दौर्मनस्खेन
संप्रयोगादस्पर्शविहार इति। प्रदाशश्चण्डवचोदाश्रिता।[2] चण्डं वचः
प्रगाढं पारुष्यं। मर्मघट्टनयोगेन दशनशीलो दाशी[2] तद्भावो दाशिता।
अयं च भावप्रत्ययः स्वार्थिकः। [१५ᵃ] चण्डेन वचसा प्रदश्यतीति[2]
चण्डवचोदाश्रिता। अयं च क्रोधोपनाहपूर्वकश्चेतस आघातस्वभाव इति
प्रतिघांशिक एव न द्रव्यतो भिद्यते। अयं च वाग्दुश्चरितप्रसवकर्मकः।
अस्पर्शविहारकर्मकश्च। तद्वतः पुद्गलस्य दुःखसंवासत्वात्। ईर्ष्या।
परसंपत्तौ चेतसो व्यारोषो लाभसत्काराध्यवसितस्य लाभसत्कारकुलश्री-
लश्रुतादीन्गुणविशेषान् परस्योपलभ्य द्वेषांशिको ऽमर्षकृतश्चेतसो व्यारोष[3]
ईर्ष्या। क्षमाश्रयं व्याप्य रोषो व्यारोषः। दौर्मनस्यसंप्रयोगात्तत्पूर्वकश्चा-
स्पर्शविहार इति दौर्मनस्यास्पर्शविहारकर्मिकोच्यते। मात्सर्यं दानविरोधी
चेतस आग्रहः। उपात्तं वस्तु धर्मामिषकौशलात्मकं। येन पूजानुग्रहका-
म्यचार्थिने ऽनर्थिने वा दीयते तद् दानं। तस्मिन्सति दानाभावात्तद्विरो-
धीत्युच्यते। लाभसत्काराध्यवसितस्य जीवितोपकरणेषु रागांशिकश्चेतस
आग्रहो ऽपरित्यागेच्छा मात्सर्यम्। इदं चसंलेखसंनिश्रयदानकर्मकं। असंलेखः
पुनर्मात्सर्येणानुपयुज्यमानानामप्युपकरणानां संचयादृद्दितव्यः। माया
परवञ्चना याभूतार्थसंदर्शनता। लाभसत्काराध्यवसितस्य परवञ्चनाभिप्रा-
येणान्यथावस्थितस्य शीलादेरर्थस्यान्यथा प्रकाशना। इयं च सहिताभ्यां

[1] Ms. °सिकः et partout de même *infra* dans ce mot.

[2] Ms. दासिता. Et de même *infra* दासी, प्रदसतीं°.

[3] Ms. चेतसाध्यारोब.

रागमोहाभ्यामभूतान्यु[15ᵇ]यान्प्रकाशयतस्तयोः समुदितयोः प्रच्छाद्यत
इति क्रोधादिवत्प्रच्छन्नित एव न द्रव्यत इति मिथ्याजीवसंनिश्रयदा-
नकर्मिका । शाठ्यं⁽¹⁾ स्वदोषप्रच्छादनोपायसंगृहीतं चेतसः कौटिल्यं ।
स्वदोषप्रच्छादनोपायः परव्यामोहनं । तत्पुनरन्येनान्यत्प्रतिसरन्निक्षिपति ।
अपरिस्फुटं वा प्रतिपद्यते । अत एव शाठ्यं स्रच्छाद्यते । स हि स्फुटमेव
प्रच्छादयति न काङ्क्षा । इदमपि लाभसत्कारार्ध्यवसितोपायाभ्यां राग-
मोहाभ्यां स्वदोषप्रच्छादनार्थं परव्यामोहनाय प्रवर्तते । तयोरेव सहितयोः
प्रच्छाद्यते । इदं च सम्यगववादलाभपरिपन्थकर्मकं । सम्यगववादस्तु यो लाभो
योनिशोमनसिकारस्तस्यान्तरायं करोति । मदः स्वसंपत्तौ रक्तस्योद्धर्ष-
चेतसः पर्यादानं । कुलारोग्ययौवनबलरूपैश्वर्यबुद्धिमेधाप्रकर्षः स्वसंपत्तिः ।
उद्धर्षो हर्षविशेषः । येन हर्षविशेषेण चित्तमस्वतन्त्रीक्रियते तेन तदात्म-
न्तीकरणात्पर्यान्तं भवतीत्येतदुक्तं चेतसः पर्यादानमिति । अयं च सर्वक्ले-
शोपक्लेशसंनिश्रयदानकर्मकः । विहिंसा सत्त्वविहेठना । विविधैर्वधबन्धन-
ताडनतर्जनादिभिः सत्त्वानां हिंसा विहिंसा । विहेठ्यन्ते अनया सत्त्वा
वधबन्धनादिभिर्दुःखदौर्मनस्योत्पादनादिति सर्वसत्त्वविहेठना । सा पुनः
प्रतिघां[13ᵇ]शिकी निर्घृणता सत्त्वेषु चित्तरूक्षता सत्त्वविहेठनकर्मिका
विहिंसेत्युच्यते । आह्रीक्यं स्वयमवद्येनालज्जा । तस्मिन्कर्मण्यात्मानमयोग्यं
मन्यमानस्यापि यावद्येनालज्जा साह्रीक्यं ह्रीविपक्षभूतं । अनपत्राप्यं
परतो ऽवद्येनालज्जा । लोकशास्त्रविरुद्धमेतन्मया क्रियत इत्येवमवगच्छ-
तो ऽपि या तया पापक्रिययालज्जा सापत्राप्यविपक्षभूतमनपत्राप्यं । एतच्च
द्वयमपि सर्वक्लेशोपक्लेशसाहाय्यकर्मकं । रागद्वेषमोहप्रकारेषु सर्वासत्कार्य-
प्रभवहेतुषु रागद्वेषयोर्यौगपद्याबाधासंभवं प्रच्छाद्यते न तु स्वतन्त्रमस्ति ।
स्त्यानं चित्तस्वाकर्मण्यता स्तैमित्यं । स्तिमितस्य भावः स्तैमित्यं यद्योगाच्चित्तं
जडीभवति स्तिमितं भवति नालम्बनं प्रतिपत्तुं समुत्सहते । एतच्च सर्वक्लेशो-
पक्लेशसाहाय्यदानकर्मकं । मोहांशे प्रच्छन्नलाच्च मोहांशिकमेव न पृथग्विद्यते ।
कौद्यत्यं चित्तस्याव्युपशमः । व्युपशमो हि शमथस्तद्विरुद्धो ऽव्युपशमः⁽²⁾ ।
स पुनरेष रागानुकलपूर्वहसितरसितक्रीडितादनुस्मरतश्चेतसो ऽव्युपशमहेतुः
शमथपरिपन्थकर्मकः । आश्रद्ध्यं कर्मफलसत्यरत्नेष्वनभिसंप्रत्ययः श्रद्धाविपक्षः
। श्रद्धा ह्यस्तित्वगुणवत्त्वशक्यत्वेष्वभिसंप्रत्ययः प्रसादो ऽभिलाषश्च यथाक्रमं ।
अश्रद्धा तद्विप[16ᵇ]र्ययेणास्तित्वगुणवत्त्वशक्यत्वेष्वनभिसंप्रत्ययो ऽप्रसादो
ऽनभिलाषश्च । कौसीद्यसंनिश्रयदानकर्मकम् । अश्रद्दधानस्य⁽³⁾ प्रयोग-
च्छन्दाभावात्कौसीद्यसंनिश्रयदानकर्मकत्वं । कौसीद्यं कुशले चेतसो

---

(1) Ms. साठयं.
(2) Ms. व्युपसमो हि समर्थस्त··· व्युपसमः.
(3) Ms. अश्रद्धा॰.

ऽनभ्युत्साहो वीर्यविपक्षः । कुशले कायवाङ्मनःकर्मणि[1] निद्रापास्वप्ययन-
सुखमागम्य यो मोहांशिकश्चेतसो ऽनभ्युत्साहः । एतच्च कुशलपक्षप्रयोगपरि-
पन्थिकर्मकं । प्रमादो चैलोभद्वेषमोहकौसीद्यैः क्लेशाद्रागद्वेषमोहादिका-
चित्तं न रक्षति कुशलं च तत्प्रतिपक्षभूतं न भावयति । तेषु लोभद्वेषमोह-
कौसीद्येषु प्रमादः प्रज्ञप्यते । अयं चाकुशलवृद्धिकुशलपरिहाणिसंनिश्रय-
दानकर्मकः । मुषिता स्मृतिः क्लिष्टा स्मृतिः । क्लिष्टेति क्लेशसंप्रयुक्ता । इयं च
विक्षेपसंनिश्रयदानकर्मिका । विक्षेपो रागद्वेषमोहांशिकश्चेतसो विसारः ।
विविधं क्षिप्यते ऽनेन चित्तमिति विक्षेपः । ये रागद्वेषमोहैश्चित्तं समाधाल-
म्बनाद्बहिः क्षिप्यते तेषु यथासंभवं विक्षेपः प्रज्ञप्यते । एष च वैराग्यपरि-
पन्थिकर्मकः । असंप्रजन्यं क्लेशसंप्रयुक्ता प्रज्ञा । यथासंविदिता कायवाक्चि-
त्तचर्या अतिक्रमप्रक्रमादिषु वर्तते करणीयाकरणीयाज्ञानात् । एतच्चाप-
त्तिसंनिश्रयदानकर्मकम् । कौकृत्यं चेत[17a]सो विप्रतिसारः । कुत्सितं
कृतमिति कुकृतं । तद्भाव : कौकृत्यं । इह तु कुकृतविषयश्चेतसो विलेख:
कौकृत्यं चैतसिकाधिकारात् । एतच्च चित्तस्थितिपरिपन्थिकर्मकं । मिद्धम-
स्वतन्त्रवृत्तिचेतसो ऽभिसंक्षेपः । वृत्तिरालम्बने प्रवृत्तिः । सास्वतन्त्रा
चेतसो यतो भवति तन्मिद्धम् । कार्यचित्तसंधारणासमर्था वा वृत्तिश्चेत-
सो ऽस्वतन्त्रता सा यतो भवति तन्मिद्धम् । अभिसंक्षेपश्चेतसश्चक्षुराद्रीन्द्रिय-
द्वारेणाप्रवृत्तिः । एतच्च मोहांशे प्रज्ञपनान्मोहांशिकं अकल्यातिपत्तिसंनि-
श्रयदानकर्मकं च । वितर्कः पर्येषको मनोजल्पः प्रज्ञाचेतनाविशेषः । पर्येषकः
किमेतदिति निरूपणाकारप्रवृत्तः । मनसो जल्पो मनोजल्पः । जल्प इव
जल्पः । जल्पो ऽर्थकथनं । चेतनाप्रज्ञाविशेष इति । चेतनायाश्चित्तपरिस्पन्दा-
त्मकत्वात् । प्रज्ञायाश्च गुणदोषविवेकाकारत्वात्तद्द्वयेन चित्तप्रवृत्तेः ।
कदाचिच्चित्तचेतनयोर्वितर्कप्रज्ञप्तिः । कदाचित्प्रज्ञाचेतसोर्यथाक्रममनभ्यू-
हाभ्यूहावस्थयोः । अथ वा चेतनाप्रज्ञयोरेव वितर्कप्रज्ञप्तिस्तद्द्वयेन चित्तस्य
तथाप्रवृत्तत्वात् । स एव चित्तस्यौदारिकता । औदारिकतेति स्थूलता
वस्तुमात्रपर्येषणाकारत्वात् । एष च नयो विचारे ऽपि द्रष्टव्यः । विचारो ऽपि
हि चेतनाप्रज्ञाविशेषात्मकः । प्र[17b]त्यवेक्षको मनोजल्प एव । इदं
तदिति पूर्वाधिगतनिरूपणात् । अत एव च चित्तसूक्ष्मतेत्युच्यते । एतौ च
स्पर्शास्पर्शविहारसंनिश्रयदानकर्मकौ । अनयोश्चौदारिकसूक्ष्मतया व्यव-
स्थापनात्पृथक्करणं । द्वये द्विधेति । द्वयं च द्वयं च द्वये । ते पुनः कौकृत्यमिद्धे
वितर्कविचारौ च । एते च चत्वारो धर्मा द्विधा क्लिष्टा अक्लिष्टाश्च । तच्चाकु-
शलमकत्वा कुशलं च कृत्वा यश्चेतसो विलेखस्तत्संक्लिष्टं कौकृत्यम् । यत्कुश-
लमकत्वा तत्कौकृत्यमक्लिष्टं । मिद्धमपि क्लिष्टचित्ताविद्धं क्लिष्टचित्तसंप्रयुक्तं

---

[1] Ms. °वाङ्मनसक°.

च क्लिष्टं । अक्लिष्टचित्ताविद्यमक्लिष्टचित्तसंप्रयुक्तां चाक्लिष्टम् । कामव्यापा-
द्विहिंसादिवितर्का: क्लिष्टा: । नैष्क्रम्यादिवितर्का अक्लिष्टा:। एवं परोपघा-
तोपायविचार: क्लिष्ट: । परानुग्रहोपायविचारो ऽक्लिष्ट: । तच ये कौकृत्य-
मिद्रवितर्कविचारा: क्लिष्टा: त एवोपक्लेशा नेतरे । तच यथा रूपशब्दाद्यु-
पलब्धि: षट्प्रकारा यथासंभवं सर्वैश्चैतसिकै: संप्रयुज्यते । सर्वचगैर्विनियतै:
कुशलै: क्लेशैरुपक्लेशैश्च । एवं चिवेदना तिसृभिश्च वेदनाभि: संप्रयुज्यते
सुखया दु:खया अदु:खासुखया च । सौमनस्यदौर्मनस्योपेक्षाख्यानीयेषु
रूपादिषु तदुत्पत्ते: कुशला अकुशला अव्याकृता च । आलयविज्ञानं त
सर्वचगै: पञ्च[18a]भिरेव संप्रयुज्यते नान्यैस्तच चोपेक्षैव वेदना अनिवृ-
ताव्याकृतं च । क्लिष्टं मन: सर्वचगै: पञ्चभिश्चतुर्भिश्च क्लेशैरात्ममोहादिभि: ।
तचोपेक्षैव वेदना निवृताव्याकृतं चेति । इदमिदानीं चिन्त्यते । किं
पञ्चानां चतुर्विज्ञानादीनां युगपदालम्बनप्रत्ययसांनिध्ये ऽप्यालयविज्ञाना-
देकस्यैवोत्पत्तिर्भवति न द्वयोर्न बह्नां वा । यथैके मन्यन्ते । न द्वयोर्न बह्नां
वा युगपत्समनन्तरप्रत्ययाभावादेकस्यैव विज्ञानस्योत्पत्तिर्भवति । न चैकं
विज्ञानं बह्नां समनन्तरप्रत्ययत्वं प्रतिपत्तुमुत्सहते । उतानियमेन ।
यद्येकस्यैव प्रत्ययसांनिध्यमेकमेवोत्पद्यते । एवं द्वयोर्बह्नां च प्रत्ययसांनिध्ये
उत्पत्तिर्भवतीत्यत आह ।

पञ्चानां मूलविज्ञाने यथाप्रत्ययमुद्भव: ।
विज्ञानानां सह न वा तरङ्गाणां[1] यथा जले ॥ १५ ॥

पञ्चानामिति चक्षुरादिविज्ञानानां तदनुचरमनोविज्ञानसहितानां ।
पञ्चानां चक्षुरादिविज्ञानानां बीजाश्रयत्वात्तत उत्पत्तेर्गतिषु अन्योपा-
दानाच्च लयविज्ञानं मूलविज्ञानमित्युच्यते । यथाप्रत्ययमुद्भव इति । यस्य
यस्य य: प्रत्यय: संनिहितस्तस्य तस्य नियमेनोद्भव आत्मलाभ: । सह
न वेति । युगपत्क्रमेण वा । तरङ्गाणां यथा जल इति । आलयविज्ञाना-
त्प्रवृत्तिविज्ञानानां युगपद्युगपच्चोत्पत्तौ दृष्टान्त: । यथो[18b]क्तम् ।
तद्यथा विशालमते । महत उदकौघस्य वहत: सचेदेकस्य तरङ्गस्योत्पत्ति-
प्रत्यय: प्रत्युपस्थितो भवत्येकमेव तरङ्गं प्रवर्तते । सचेद्द्वयोस्त्रयाणां संबह्-
लानां तरङ्गाणामुत्पत्तिप्रत्यय: प्रत्युपस्थितो भवति । यावत्संबह्लानि
तरङ्गाणि प्रवर्तन्ते । न च तस्योदकौघस्य स्रोतसा वहत: समुच्छित्तिर्भवति ।
न पर्युपयोग: प्रज्ञायते । एवमेव विशालमते । तदोघस्थानीयमालयवि-
ज्ञानं संनिश्रित्य प्रतिष्ठाय सचेदेकस्य विज्ञानस्योत्पत्तिप्रत्यय: प्रत्युपस्थितो
भवति । एवमेव चक्षुर्विज्ञानं प्रवर्तते । सचेद्द्वयोस्त्रयाणां सचेत्पञ्चानां

(1) Ms. तरङ्गानां.

विज्ञानानामुत्पत्तिप्रत्यय: प्रत्युपस्थितो भवति । सङ्घावत्पञ्चानां प्रवृत्ति-
र्भवति । अत्र गाथा ।

आदानविज्ञानगभीरसूक्ष्मो ओघो यथा वर्तति सर्वबीजो ।
बाला एषामपि न प्रकाशिते मोहैव आत्मा परिकल्पयेयु: ॥

इति । न हि विज्ञानप्रतिनियमेनालम्बनप्रत्ययवत्समनन्तरप्रत्यय
दृश्यते । सर्वविज्ञानोत्पत्तौ सर्वस्य विज्ञानस्य तत्समनन्तरप्रत्ययलाभ्युपग-
मात् । अत एकस्मादपि समनन्तरप्रत्ययादालम्बनप्रत्ययसांनिध्ये द्वयो-
र्बहूनां च विज्ञानानामुत्पत्तिर्न निरुध्यते । किं चात्र कारणम् । यत्समन-
न्तरप्रत्ययप्रतिनियमाभावे पञ्चानां च युगपदालम्बनप्रत्ययसांनिध्ये एकेने-
वोत्पत्तव्यं न [19ᵃ] पञ्चभिरपीति । तस्मादालम्बनसद्भावे पञ्चानामपि
चोत्पत्तिरित्यभुपेयम् । इदमिदानीं वक्तव्यं । किं मनोविज्ञानं चक्षुरादि-
विज्ञानै: सह प्रवर्तते विना च । उत नैवेत्यत आह ।

मनोविज्ञानसंभूति: सर्वदासंज्ञिकादृते ।
समापत्तिद्वयान्मिद्धान्मूर्छनादप्यचित्तकात् ॥ १६ ॥

इति । सर्वदेति सर्वकालं चक्षुरादिविज्ञानै: सह विना वेत्यर्थ: । अस्यो-
त्सर्गस्यापवादमारभते । आसंज्ञिकादृते । समापत्तिद्वयान्मिद्धान्मूर्छनाद्-
प्यचित्तकाद् इति । तत्रासंज्ञिकमसंज्ञिसत्त्वेषु देवेषूपपन्नस्य यच्चित्तचैतसि-
कानां धर्माणां निरोध: । समापत्तिद्वयमसंज्ञिसमापत्तिर्निरोधसमा-
पत्तिश्च । तत्रासंज्ञिसमापत्तिस्तृतीयध्यानाद्वीतरागस्य नोर्ध्वमवीतरागस्य
नि:सरणसंज्ञापूर्वकेण मनसिकारेण मनोविज्ञानस्य तत्संप्रयुक्तानां च
चैत्तानां यो निरोध: सो ऽसंज्ञिसमापत्तिरित्युच्यते । निरुध्यते ऽनेनेति
निरोध: । स पुन: ससंप्रयोगस्य मनोविज्ञानस्य समुदाचारनिरोध: ।
आश्रयस्यावस्थाविशेष: । स च समापत्तिचित्तादनन्तरं चित्तान्तरोत्पत्ति-
विरुद्ध आश्रय: प्राप्यत इति समापत्तिरित्युच्यते । निरोधसमापत्तिरा-
किंचन्यायतनवीतरागस्य शान्तविहारसंज्ञा[19ᵇ]पूर्वकेण मनसिकारेण
ससंप्रयोगस्य मनोविज्ञानस्य क्लिष्टस्य च मनसो यो निरोध: ।
इयमप्यसंज्ञिसमापत्तिवदाश्रयस्यावस्थाविशेषे प्रज्ञप्यते । अचित्तकं मिद्धं
गाढमिद्धोपहृतत्वादाश्रयस्य तावत्कालं मनोविज्ञानाप्रवृत्तेरचित्तकमित्यु-
च्यते । अचित्तिका मूर्छा । आगन्तुनाभिघातेन वातपित्तश्लेष्म[1] वैषम्येण
वा यदाश्रयवैषम्यं मनोविज्ञानप्रवृत्तिविरुद्धं । तन्मूर्च्छा । तच्चाचित्तिका मूर्च्छेप-

---

[1] Ms. श्लेष°.

चर्यते । एताः पञ्चावस्था वर्जयित्वा तदन्यासु सर्वास्ववस्थासु मनोविज्ञान-
प्रवृत्तिर्वेदितव्या । एवमासंज्ञिकादिषु मनोविज्ञाने निरुद्धे तदुपगमे पुनः
कुत उत्पद्यते । यत्तस्य कालक्रिया न भवति । तत्पुनरालयविज्ञानादेवो-
त्पद्यते । तद्धि सर्वविज्ञानबीजकमिति । यच्च विज्ञानपरिणामे आत्मध-
र्मोपचारः । स पुनस्त्रिधेत्युक्तश्च विस्तरेण त्रिविधोऽपि निर्दिष्टः । इदा-
नीमात्मधर्मोपचारो यः प्रज्ञप्यते स विज्ञानपरिणाम एव न विज्ञानप-
रिणामात्स पृथग्व्यवस्थात्मा धर्मा वेति यत्प्रतिज्ञातं तत्प्रसाधनार्थमाह ।

विज्ञानपरिणामोऽयं विकल्पो यद्विकल्प्यते ।
तेन तन्नास्ति तेनेदं सर्वं विज्ञप्तिमात्रकम् ॥ १७ ॥

इति योऽयं विज्ञानपरिणामस्त्रिविधोऽनन्त(20ᵃ)रमभिहितः सो
ऽयं विकल्पः । अध्यारोपितार्थाकाराश्चैयातुकाश्चित्तचैत्ता विकल्प
उच्यते । यथोक्तम् ।

अभूतपरिकल्पस्तु चित्तचैत्तास्त्रिधातुकाः

इति । तेन त्रिविधेन विकल्पेनालयविज्ञानक्लिष्टमनःप्रवृत्तिविज्ञान-
स्वभावेन ससंप्रयोगेण यद्विकल्प्यते भाजनमात्मा स्कन्धधात्वायतनरूप-
शब्दादिकं वस्तु तन् नास्तीत्यतः स विज्ञानपरिणामो विकल्प उच्यते ।
असदालम्बनत्वात् । कथं पुनरेतद्विज्ञायते तदालम्बनम् असदिति । यद्धि
यस्य कारणं तस्मिन्समये चाविरुद्धे च तदुत्पद्यते नान्यतः । विज्ञानं च
मायागन्धर्वनगरस्वप्नतिमिरादावसत्यालम्बने जायते । यदि च विज्ञानस्या-
लम्बनप्रतिबद्ध उत्पादः स्यात् एवं सति मायादिष्वर्थाभावान्[1] न विज्ञा-
नमुत्पद्यते । तस्मात् पूर्वकान् निरुद्धात् तज्जातीयविज्ञानाद् विज्ञानमुत्प-
द्यते । न बाह्यादर्थात् तस्मिन्नसत्यपि भावात् । दृष्टा चाभिन्नेऽप्यर्थे
प्रतिपत्तॄणां परस्परविरुद्धा प्रतिपत्तिः । न चैकस्य परस्परविरुद्धानेका-
त्मकत्वं युज्यते । तस्मात् अध्यारोपितरूपत्वाद् विकल्पस्यालम्बनम् अस-
दिति प्रतिपत्तव्यम् । अनेन तावत् समारोपान्तं परिहृत्यापवादान्त-
परिजिहीर्षया आह ।

तेनेदं सर्वं विज्ञप्तिमात्रकम्

इति । तेनेति तस्मात् । यस्मात् परिणामात्मकेन विकल्पे[20ᵇ]न
यद्विकल्प्यते । तेन तन्नास्ति । तस्माद् विषयाभावात् । सर्वं विज्ञप्तिमात्रकं ।

---

[1] Ms. मायादिस्वार्था॰ corrigé par lavure.

सर्वमिति चैधातुकमसंस्कृतं च । मात्रशब्दस्तदधिकविषयव्यवच्छेदार्थः ।
कक्कारः पादपूरणार्थः । यदि सर्वं विज्ञप्तिमात्रकमेव न ततो ऽन्यः कर्ता
करणं वास्ति । कथं मूलविज्ञानाद् अनधिष्ठिताद् असति करणे विक-
ल्पाः प्रवर्तन्त इत्याह ।

सर्वबीजं हि विज्ञानं परिणामस्तथा तथा ।
यात्यन्योन्यवशाद् येन विकल्पः स स जायते ॥ १८ ॥

तच्च सर्वधर्मोत्पादनशक्त्यनुगमात् सर्वबीजं । विज्ञानमित्यालयविज्ञानं ।
विज्ञानं ह्यसर्वबीजादप्यस्तीति । अतः सर्वबीजमित्याह । विज्ञानाद्
अन्यदपि कैश्चित् प्रधानादि सर्वबीजं कल्प्यत इति विज्ञानमित्याह । अथ
वा । एकपदव्यभिचारे ऽपि विशेषणविशेष्यत्वदर्शनान् नायं दोषः । परि-
णामस्तथा तथा यात्यन्योन्यवशादिति । पूर्वावस्थातो ऽन्यथाभावः परि-
णामः । तथा तथेति तस्य तस्य विकल्पस्यानन्तरोत्पादनसमर्थावस्थां
प्राप्नोतीत्यर्थः । अन्योन्यवशादिति । तथा हि चक्षुरादिविज्ञानं स्वशक्तिप-
रिपोषे वर्तमानं शक्तिविशिष्टस्यालयविज्ञानपरिणामस्य निमित्तं सो ऽपि
आलयविज्ञान[२१ᵃ]परिणामः चक्षुरादिविज्ञानस्य निमित्तं भवति ।
एवमन्योन्यवशाद् यस्मादुभयं प्रवर्तते । तस्मादालयविज्ञानाद् अन्येना-
नधिष्ठिताद् अनेकप्रकारो विकल्पः स स जायते । तच्च वर्तमाने जन्मनि
यथालयविज्ञानात् प्रवृत्तिविज्ञानस्योत्पत्तिर्भवति तथा ख्यातं । इदानीं
विज्ञप्तिमात्रे अनागतं जन्म वर्तमानजन्मनिरोधे सति यथा प्रतिसंधीयते
तत् प्रदर्शयन्नाह ।

कर्मणो वासना ग्राहद्वयवासनया सह ।
क्षीणे पूर्वविपाकेऽन्यद्विपाकं जनयन्ति तत् ॥ १९ ॥

इति । पुण्यापुण्यानेञ्जचेतना कर्म । तेन कर्मणा यदानमतात्मभावाभि-
निर्वृत्तये(1) आलयविज्ञाने सामर्थ्यमाहितं । सा कर्मवासना । ग्राहद्वयं ।
ग्राह्यग्राहो ग्राहकग्राहश्च । तच्च विज्ञानात् पृथगेव स्वसंतानाध्यासितं
ग्राह्यमस्तीत्यध्यवसायो ग्राह्यग्राहः । तच्च विज्ञानेन प्रतीयते विज्ञायते
गृह्यत इति यो ऽयं निश्चयः । स ग्राहकग्राहः । पूर्वोत्पन्नग्राह्यग्राहकग्राहा-
च्चिप्रमनागततज्जातीयग्राह्यग्राहकग्राहोत्पत्तिबीजं ग्राहद्वयवासना । तच्च
कर्मवासनाभेदाद् गतिभेदेनात्मभावभेदः बीजभेदादङ्कुरभेदवत् । ग्राहद्-
वयवासनायास्तु सर्वकर्मवासनानां यथास्वम् आक्षिप्तात्मभावोत्पादने

(1) Ms. ०निवृत्तये.

प्रवृत्तानां सहकारित्वं प्रतिपद्यते । तद्यथा अर्वादयो ऽङ्गु[21b]रक्षो-
त्यक्ताविति । एवं च न केवला: कर्मवासना ग्राह्यद्वयवासनानुगृहीता[1]
विपाकं जनयन्तीत्युक्तं भवति । अत एवाह । ग्राह्यद्वयवासनया सहेति ।
क्षीणे पूर्वविपाके ऽन्यद्विपाकं जनयन्ति तदिति । पूर्वजन्मो[2]पचितेन
कर्मणा य इह विपाको ऽभिनिर्वृत्तस्तस्मिन् क्षीणे इति । आक्षेपकाले[3]
पर्यन्तावस्थिते यथाबलं कर्मवासना ग्राह्यद्वयवासनासहिता उपभुक्ताद्वि-
पाकादू अन्यद्विपाकं तदेवालयविज्ञानं जनयन्ति । आलयविज्ञानव्यति-
रेकेणान्यस्य विपाकस्याभावात् । क्षीणे पूर्वविपाक इत्यनेन शाश्वतान्तं
परिहरति । अन्यद्विपाकं जनयन्तीत्युच्छेदान्तं । चक्षुरादिविज्ञानव्यतिरि-
क्तमालयविज्ञानमस्ति । तदेव च सर्वबीजकं न चक्षुरा[4]दिविज्ञानमिति ।
कुत एतत् । आगमादू युक्तितश्व । उक्तं हि भगवताभिधर्मसूत्रे ।

अनादिकालिको धातु: सर्वधर्मसमाश्रय: ।
तस्मिन् सति गति:[5] सर्वा निर्वाणाधिगमो ऽपि वा ॥

न चालयविज्ञानमन्तरेण संसारप्रवृत्तिर्निर्वृत्तिर्वा युज्यते । तत्र संसार-
प्रवृत्तिरू निकायसभागान्तरेषु प्रतिसंधिबन्ध: । निवृत्ति: सोपधिशेषो
निरुपधिशेषश्च निर्वाणधातु: । तच्चालयविज्ञानादू अन्यत् संस्कारप्रत्ययं
विज्ञानं न युज्यते । संस्कार[22a]प्रत्ययविज्ञानाभावे प्रवृत्तेरप्यभाव: ।
संसारस्य आलयविज्ञानानभ्युपगमे प्रतिसंधिविज्ञानं वा संस्कारप्रत्ययं
परिकल्प्येत[6] संस्कारभाविता वा[7] षड्विज्ञानकाया: । तत्र ये संस्कारा:
प्रातिसंधिक[8]विज्ञानप्रत्ययखेनेष्यन्ते । तेषां चिरनिरुद्धत्वात् । निरुद्धस्य[9]
चासत्वात् असतश्व प्रत्ययत्वाभावात् । न संस्कारप्रत्ययं प्रतिसंधिविज्ञानं
युज्यते । प्रतिसंधौ च नामरूपमप्यस्ति न केवलं विज्ञानं तत्र विज्ञानमेव
संस्कारप्रत्ययं न नामरूपमिति । का तत्र युक्ति: । तस्मात् संस्कारप्रत्ययं
नामरूपमिति वक्तव्यं । न तु विज्ञानमिति । कतमद्व्यविज्ञानप्रत्ययं
नामरूपं । यदुत्तरकालमिति चेतू तस्य प्रातिसंधिक[10]नामरूपातू क

---

[1] Ms. वासनाननुगृहीता.
[2] Ms. तन्माप॰.
[3] Ms. कालपर्यन्ता॰.
[4] Ms. नन्ुरदि॰.
[5] Ms. गति.
[6] Ms. कल्प्येत:.
[7] Ms. ॰भाविता: । ब॰.
[8] Ms. ॰संधिकाविज्ञा॰.
[9] Ms. निरुद्धस्य.
[10] Ms. ॰संधिकं नाम॰.

आत्मातिशयः यतस्तत्रैव विज्ञानप्रत्ययं न पूर्वं । पूर्वं च संस्कारप्रत्ययं
नोत्तरमिति । अतश्च संस्कारप्रत्ययं नामरूपमेवास्तु किं प्रतिसंधि[1] विज्ञा-
नेनाङ्गान्तरेण परिकल्पितेन । तस्मान्न प्रतिसंधिविज्ञानं संस्कारप्रत्ययं
युज्यते । संस्कारपरिभाविता वा षड्विज्ञानकाया अपि न संस्कारप्रत्ययं
विज्ञानं युज्यते । किं कारणं । न हि विज्ञानं विपाकवासनां निष्यन्दवा-
सनां वा स्वात्मन्याधत्तुं समर्थं स्वात्मनि कारितविरोधात् नाप्यनागते
तस्य तदानुत्पन्नत्वात् । अनुत्पन्नस्य चासत्त्वात् । नाप्युत्पन्नपूर्वस्य तदा
निरुद्धत्वात् । [22b] अचित्तिकासु च निरोधसमापत्त्याद्यवस्थासु पुनः
संस्कारपरिभावितचित्तोत्पत्त्यसंभवात् । विज्ञानप्रत्ययं नामरूपं न स्यात् ।
षडायतनं न स्यात् । एवं यावज्जातिप्रत्ययं जरामरणं न स्यात् । ततश्च
संसारप्रवृत्तिरेव न स्यात् तस्मादविद्याप्रत्यया: संस्काराः तदधिवासि
चालयविज्ञानं संस्कारप्रत्ययं विज्ञानं । तत्प्रत्ययं प्रतिसंधौ नामरूपमि-
त्येषैव नीतिरनवद्या । संसारनिवृत्तिरपि आलयविज्ञाने असति न
युज्यते । संसारस्य हि कर्म क्लेशाश्च कारणं तयोश्च क्लेशा: प्रधानं । तथा हि
क्लेशाधिपत्यात् कर्म पुनर्भवाचेपसमर्थं भवति नान्यथा । तथा आचित्रपु-
नर्भवमपि कर्म क्लेशाधिपत्यादेव पुनर्भवो भवति नान्यथा । एवं च क्लेशा
एव संसारप्रवृत्ते: प्रधानत्वान् मूलं । अतस्तेषु प्रहीणेषु संस्कारो विनिवर्तते
नान्यथा । न चालयविज्ञानमन्तरेण तत्प्रहाणं युज्यते । कथं पुनर्न युज्यते ।
संमुखीभूतो वा क्लेश: प्रहीयते । बीजावस्थो वा । तत्र संमुखीभूत: प्रहीयत
इति । अनिष्टिरेवेयं । तत्र प्रहाणमार्गस्थायिनां वा[2] बीजावस्थो ऽपि नैव
प्रहीयते । न हि प्रतिपक्षात् तदानीं किंचिदन्यदभ्युपगम्यते । यच्च क्लेशबीजं
व्यवस्थितं तत्प्रतिपक्षेण प्रहीयेत । अथ प्रतिप[23a]चचित्त एव क्लेशबी-
जानुषक्त इष्यते । न हि तत् क्लेशबीजानुषक्तमेव तत्प्रतिपक्षो भवितुमर्हति ।
न चाप्रहीणक्लेशबीजानां संसारनिवृत्ति: संभवति । तस्मादवश्यम् आलय-
विज्ञानं[3] तदन्यविज्ञानसहभूमि:[4] क्लेशोपक्लेशैर्भाव्यते स्वबीजपुष्ट्यादानत
इत्यभ्युपेत्यं । ये पुनश्चित्त एव संततिपरिणामविशेषाद् यथाबलं वासना-
वृत्तिलाभे सति क्लेशोपक्लेशा: प्रवर्तन्ते तेषां चालयविज्ञानव्यवस्थितं बीजं
तत्सहभुवा क्लेशप्रतिपक्षमार्गेणापनीयते । तस्मिंश्चापनीते न पुनस्तेनाश्र-
येण[5] क्लेशानामुत्पत्तिरिति सोपधिशेषो निर्वाणधातु: प्राप्यते । पूर्वक-
र्मांचित्रजन्मनिरोधे च ततो ऽन्यजन्माप्रतिसंधानान् निरुपधिशेषो निर्वा-
णधातु: । न हि कर्म विद्यमानमपि क्लेशेषु प्रहीणेषु सहकारिकारणाभावात्

---

[1] Ms. प्रतिविज्ञाने॰.
[2] Ms. प्रहाणमादूस्थायिना वा, corrigé par une seconde main en ॰स्थाना.
[3] Ms. विज्ञानतद्॰.
[4] Ms. ॰भूमि: .
[5] Ms. ॰अश्रयेण.

पुनर्भवमभिनिवर्तयितुं समर्थं । एवम् आलयविज्ञाने सति संसारप्रवृत्ति-
निर्वृत्तिश्च । नान्यथेत्यवश्यं चक्षुरादिविज्ञानव्यतिरिक्तम् आलयविज्ञानं ।
तदेव च सर्वधर्मबीजानुगतं न चक्षुरादिविज्ञानमित्यभ्युपगन्तव्यं । विस्तर-
विचारस्तु पञ्चस्कन्धकोपनिबन्धाद् वेदितव्यः । यदि विज्ञप्तिमात्रमेवेदं
कथं न सूत्रविरोधः । सूत्रेषु हि त्रयः स्वभावा उक्ताः परिकल्पितः परतन्त्रः
प[२३b]रिनिष्पन्नश्च । नास्ति विरोधः । विज्ञप्तिमात्र एव सति स्वभाव-
त्रयव्यवस्थानात् । कथमित्यत आह ।

येन येन विकल्पेन यद्यद् वस्तु विकल्प्यते ।
परिकल्पित एवासौ स्वभावो न स विद्यते ॥ २० ॥

आध्यात्मिकबाह्यविकल्प्यवस्तुभेदेन विकल्प्यानामानन्त्यं प्रदर्शयन्नाह ।
येन येन विकल्पेनेति । यद्यद् वस्तु प्रकल्प्यते । आध्यात्मिकं बाह्यं वान्तशो
यावद् बुद्धधर्मा अपि । परिकल्पित एवासौ स्वभाव इत्यत्र कारणमाह ।
न स विद्यत इति । यद् वस्तु विकल्पविषयस्तद् यस्मात् सत्ताभावान्न
विद्यते । तस्मात् तद्वस्तु परिकल्पितस्वभावमेव । न हेतुप्रत्ययप्रतिपद-
स्वभावं तथा ह्येकस्मिन् वस्तुनि । तद्भावे च परस्परविरुद्धानेकविकल्पप्र-
वृत्तिर्दृष्टा ।[1] न च तदेकं वस्तु तद्भावो वा परस्परविरुद्धानेकस्वभावो
युज्यते । तस्मात् सर्वमिदं विकल्पमात्रमेव तदर्थस्य परिकल्पितरूपत्वात् ।
उक्तं च सूत्रे । न खलु पुनः सुभूते धर्मास्तथा विद्यन्ते यथा बालपृथग्जना
अभिनिविष्टा इति । परिकल्पितानन्तरं परतन्त्रस्वभावो वक्तव्य इति ।
अत आह ।

परतन्त्रस्वभावस्तु विकल्पः प्रत्ययोद्भवः ।

अत्र विकल्प इति परतन्त्रस्वरूपमाह । प्रत्ययोद्भव इत्यनेनापि परत-
न्त्राभिधानप्रवृत्तिनिमित्तमाह । तत्र परिकल्पः कु[२४a]शलाकुशला-
व्याकृतभेदभिन्नासु त्रैधातुकाश्चित्तचैत्ताः । यथोक्तम् ।

अभूतपरिकल्पस्तु चित्तचैत्तास्त्रैधातुकाः ।

इति । परैर्हेतुप्रत्ययैस्त्वक्ल्प्यत इति परतन्त्र उत्पाद्यत इत्यर्थः । स्वतो
ऽन्यहेतुप्रत्ययप्रतिबद्धात्मलाभ इति यावदुक्तं भवति । उक्तः परतन्त्रः । परि-
निष्पन्नः कथमित्यत आह

निष्पन्नस्तस्य पूर्वेण सदा रहितता तु या ॥ २१ ॥

(1) Ms. ˚वृत्तिदृष्टा.

अविकारपरिनिष्पत्त्या स परिनिष्पन्नः । तस्खेति परतन्त्रस्य पूर्वेणेति परिकल्पितेन तस्मिन् विकल्पे ग्राह्यग्राहकभावः परिकल्पितः । तथा हि तस्मिन् विकल्पे ग्राह्यग्राहकत्वम् अविद्यमानमेव परिकल्प्यत इति परिकल्पितमुच्यते । तेन ग्राह्यग्राहकेण परतन्त्रस्य सदा सर्वकालं अत्यन्तरहितता या स परिनिष्पन्नस्वभावः ।

अत एव स नैवान्यो नानन्यः परतन्त्रतः ।

अत एव स नैवेति परिकल्पितेन स्वभावेन परतन्त्रस्य सदा रहितता परिनिष्पन्नः । रहितता च धर्मता धर्मान्नान्या नानन्या युज्यते । परिनिष्पन्नश्च परतन्त्रधर्मतेत्यतः परतन्त्रात् परिनिष्पन्नो नान्यो नानन्य इति बोद्धव्यः । यदि हि परिनिष्पन्नः परतन्त्रादन्यः स्यातू एवं न परिकल्पितेन परतन्त्रः शून्यः स्यातू । अथानन्य एवमपि परिनिष्पन्नो न विशुद्धालम्बनः स्या[24b]तू परतन्त्रवत् संक्लेशात्मकत्वातू । एवं परतन्त्रस्य न क्लेशात्मकः स्यातू । परिनिष्पन्नादू अनन्यत्वातू परिनिष्पन्नवत् ।

अनित्यतादिवदू वाच्यो

नान्यो नानन्य इति वाक्यशेषः । यथा ह्यनित्यता दुःखतानात्मता च । संस्कारादिभ्यो नान्या नानन्या । यदि संस्कारेभ्यो ऽनित्यता अन्या । एवं तर्हि संस्कारा नित्याः स्युः । अथानन्या एवमपि संस्काराः प्रणष्टस्वभा[1]-वरूपाः स्युः अनित्यतावतू । एवं दुःखतादिष्वपि वाच्यं । यदि ग्राह्यग्राहकभावरहितः परतन्त्रः कथमसौ गृह्यते अगृह्यमाणो वा कथमस्तीति विज्ञायते । अत आह ।

नादृष्टे ऽस्मिन् स दृश्यते ॥ २२ ॥

नादृष्टे ऽस्मिन्निति परिनिष्पन्नस्वभावे स दृश्यत इति परतन्त्रः स्वभावः । निर्विकल्पलोकोत्तरज्ञानदृष्टे परिनिष्पन्ने स्वभावे अदृष्टे अप्रतिविद्धे असाक्षात्कृते तत्पृष्ठलब्धशुद्धलौकिकज्ञानगम्यत्वातू । परतन्त्रो ऽन्येन ज्ञानेन न गृह्यते । अतः परिनिष्पन्ने अदृष्टे परतन्त्रो न दृश्यते । न पुनरू लोकोत्तरज्ञानपृष्ठलब्धेनापि ज्ञानेन न दृश्यते । यथा निर्विकल्पप्रवेशायां धारणामुक्तं । तत्पृष्ठलब्धेन ज्ञानेन मायामरीचिस्वप्नप्रतिश्रुत्कोदकचन्द्रनिर्मितसमानू सर्वधर्मानू प्रत्येतीति । अत्र च धर्माः परतन्त्रसंगृहीता अभिप्रेताः । परिनिष्पन्नस्वाकाश्यवदू ए[25a]करसं[2] ज्ञानं च यथोक्तं निर्विकल्पेन

---

[1] Ms. प्रशंसा भात्र॰. Tib. *jig nas med pa ñid du 'gyur te*, glosé par Vinītadeva : *jig pa'i no bo ñid yin pa dan 'dra'o.*

[2] Ms. ˚रस:.

ज्ञानेनाकाशसमतायां सर्वधर्मान् पश्यतीति परतन्त्रधर्माणां तथतामाचक्ष-
र्शनात्। यदि द्रव्यमेव परतन्त्र: कथं सूत्रे[1] सर्वधर्मा नि:स्वभावा अनुत्पन्ना
अनिरुद्धा इति निर्दिश्यन्ते। नास्ति विरोध: यस्मात्।

चिविधस्य स्वभावस्य चिविधा नि:स्वभावता।
संधाय सर्वधर्माणां देशिता नि:स्वभावता॥ २६॥

चय एव स्वभावा न चतुर्थो स्तीति ज्ञापनार्थं संख्यानिर्देश: येन येन
लचणेन विद्यमानवद् भवतीति। चिविधा नि:स्वभावता लचणनि:-
स्वभावता उत्पत्तिनि:स्वभावता परमार्थनि:स्वभावता च। सर्वधर्मा:
परिकल्पितपरतन्त्रपरिनिष्पन्नात्मका:। इदानीं चिविधस्य स्वभावस्य या
यस्य नि:स्वभावता तां तस्य प्रदर्शयन्नाह।

प्रथमो लचणेनैव नि:स्वभावो ऽपर: पुन:।
स्वयंभाव एतस्येत्यपरा नि:स्वभावता॥ २४॥
धर्माणां परमार्थश्च स यतस्तथतापि स:।

प्रथम: परिकल्पित: स्वभाव: अयं च लचणेनैव नि:स्वभाव: तल्लचण-
स्योत्प्रेचितत्वात्। रूपलचणं[2] रूपं अनुभवलचणा वेदनेत्यादि। अतश्च
स्वरूपाभावात् खपुष्पवत् स्वरूपेणैव नि:स्वभाव:। अपर: पुनरिति
परतन्त्रस्वभाव:। नन्वयं भाव एतस्य मायावत् परप्रत्ययेनोत्पत्ते:। अतश्च
यथा प्रख्याति तथास्योत्पत्तिर्नास्तीति अतो ऽस्य उत्पत्तिनि:स्वभावतेत्यु-
च्यते। धर्माणां परमार्थश्च स यतस्तथतापि स इति। [25b] परमं हि
लोकोत्तरत्वान् निरुत्तरत्वात्तस्यार्थ: परमार्थ:। अथ वा आकाशवत्
सर्वचैकरसार्थेन वैमल्याविकारार्थेन च। परिनिष्पन्न: स्वभाव: परमार्थ
उच्यते। स यस्मात् परिनिष्पन्न: स्वभाव: सर्वधर्माणां परतन्त्रात्मकानां
परमार्थ: तद्धर्मतेति उक्त्वा तस्मात् परिनिष्पन्न एव स्वभाव: परमार्थनि:-
स्वभावता परिनिष्पन्नस्याभावस्वभावत्वात्। किं पुन: परमार्थाभिधानेनैव
परिनिष्पन्नो ऽभिधातव्यो नेत्याह। किं तर्हि तथतापि स:। अपिशब्दान्
केवलं तथताशब्देनैवाभिधातव्य:। किं तर्हि यावन्तो धर्मधातुपर्याया:
सर्वैस्तैरप्यभिधातव्य इति।

सर्वकालं तथाभावात्

तथता ⸽ तथा हि पृथग्जनशैच्यशैचावस्थासु सर्वकालं तथैव भवति।

नान्यथेति तथतेत्युच्यते । किं पुनस्तथता तत्परिनिष्पन्न एव विज्ञप्तिमाचता ।
उतान्या विज्ञप्तिमाचता । अत आह ।

सैव विज्ञप्तिमाचता ॥ २५ ॥

अतिवि[1] शुद्धलचणावबोधाद्द यथोक्तं ।

नाब्नि[2] तिष्ठति तच्चित्तं तदा तन्माचदर्शनात् ।
नाब्नि स्थानाच्च विज्ञप्तावुपलम्भः प्रहीयते ॥
नोपलम्भं तदा धातुं स्पृशते भावनान्वयात् ।
सर्वावरणविमोचं विमुक्तं लभते तदा ॥

इति । सैव विज्ञप्तिमाचतेत्यनेन वचनेनाभिसमय उक्तः । यदि विज्ञप्ति-
माचमेवेदं कस्माच् चचुःश्रोत्रघ्राणरसस्पर्शनैः रूपशब्दगन्धरसस्पर्शान्
गृह्णातीत्यत आह ।

यावद्द विज्ञप्तिमाचत्वे विज्ञानं[3] नाव[26ᵃ] तिष्ठति ।
याह्द्वयस्यानुश्यस्तावन्न विनिवर्तते ॥ २६ ॥

अथ वा याख्ताः कर्मवासना याह्द्वयवासनासहिताः चीणे पूर्वविपाके
अन्यद्विपाकं जनयन्तीत्युक्तं तस्मात् कथं प्रहाणमप्रहाणं चेत्यत आह । याव-
द्विज्ञप्तिमाचत्वे विज्ञानं नावतिष्ठति इति विस्तरः । यावच् चित्तधर्मताया
विज्ञप्तिमाचसंश्ब्दितायां विज्ञानं नावतिष्ठति किं तर्हि ग्राह्यग्राहकोपलम्भे
चरति । ग्राह्द्वयं ग्राह्यग्राहो ग्राहकग्राहश्च । तस्मानुश्यस्त[4] दाहितम्
अनागतग्राह्द्वयोत्पत्तये बीजम् आलयविज्ञाने । यावद् अद्वयलचणे विज्ञ-
प्तिमाचे योगिनश्चित्तं न प्रतिष्ठितं भवति । तावद् ग्राह्यग्राहकानुश्यो न
विनिवर्तते न[5] प्रहीयत इत्यर्थः । अच च बहिरूपलम्भाप्रहाणेनाध्यात्मि-
कोपलम्भाप्रहाणं दर्शितमिति । अतो ऽखैव भवति अहं चचुरादिभिः
रूपादीन् गृह्णामीति । इदमिदानीं वक्तव्यं किमू अर्थरहितचित्तमाचोप-
लम्भात् चित्तधर्मता[6] वस्थानं नेत्याह किं तर्हि ।

विज्ञप्तिमाचमेवेदमित्यपि ह्युपलभतः ।
स्थापयन्नयतः किंचित् तन्माचे नावतिष्ठते ॥ २७ ॥

[1] Ms. अविशुद्ध°.
[2] Ms. नास्ति.
[3] Ms. विज्ञ˗˗˗तिष्ठति.
[4] Ms. °प्रायतदा°.
[5] न deest ms., inséré d'apres tib.
[6] Ms. धर्म्मभाश्र.

इति अथ वा यः पुनराभिमानिकः श्रुतमात्रकेण जानीयाद् अहं
विज्ञप्तिमात्रतायां शुद्धायां स्थित इति । तद्व्यवच्छेदार्थमाह । विज्ञप्ति-
मात्रमेवेदमित्यपि ह्युपलभत इत्यादि । विज्ञप्तिमात्रमेवेदं अर्थरहितं न
बाह्यो ऽर्थो ऽस्तीति एवमुपलभतो ग्रहणतः चित्तीकारणत इत्यर्थः अग्रत
इत्यभिमुखं स्थापयन्निति यथाश्रुतं मनसा बहुप्रकारत्वात् । योगाचारा-
लम्बनानां किंचिदित्याह । [२६b] अस्थिसंकलिकं[1] वा नीलकं वापि पूयकं
वा विपदुमकं[2] वा व्याध्मतकादिकं वा तन्मात्रे नावतिष्ठते विज्ञानोपलम्भा-
प्रहाणात् । कदा पुनर् विज्ञानग्राह्यस्य प्रहाणं चित्तमात्रतायां वा प्रतिष्ठितो
भवतीत्यत आह

यदा त्वालम्बनं विज्ञानं नैवोपलभते तदा ।
स्थितं विज्ञानमात्रत्वे ग्राह्याभावे तदग्रहात् ॥ २८ ॥

इति । यस्मिन् काले देशनालम्बनं अववादालम्बनं प्राप्तं वा रूपश-
ब्दाद्यालम्बनं विज्ञानं बहिश्चित्तात् नोपलभते न पश्यति न गृह्णाति नाभि-
निविशते । यथाभूतार्थदर्शनात् न तु जात्यन्धवत् । तस्मिन् काले विज्ञान-
ग्राह्यस्य प्रहाणं स्वचित्तधर्मतायां च प्रतिष्ठितो भवति । अत्रैव कारणमाह ।
ग्राह्याभावे तदग्रहादिति । ग्राह्ये[3] सति ग्राहको[4] भवति न तु ग्राह्या-
भाव इति । ग्राह्याभावे ग्राहकाभावमपि प्रतिपद्यते । न केवलं ग्राह्याभावं ।
एवं हि सममना[5] लम्ब्यालम्बकं निर्विकल्पं लोकोत्तरं ज्ञानमुत्पद्यते ।
ग्राह्यग्राहकाभिनिवेशानुशया[6] प्रहीयन्ते स्वचित्तधर्मतायां च चित्त-
मिव स्थितं भवति । यद्येवं विज्ञप्तिमात्रतायां चित्तमवस्थितं भवति । तदा
कथं व्यपदिश्यत इत्याह ।

अचित्तो ऽनुपलम्भो ऽसौ ज्ञानं लोकोत्तरं च तत् ।
आश्रयस्य परावृत्तिर् द्विधा दौष्ठुल्यहानितः ॥ २९ ॥
[7]स [२७a] एवानास्रवो धातुरचिन्त्यः कुशलो ध्रुवः ।
सुखी विमुक्तिकायो ऽसौ धर्माख्यो ऽयं महामुनेः[8] ॥ ३० ॥

---

(1) Ms. °श्रांकलिकं,

(2) Ms. विपदुकं. Corrigé d'après Mahāvyutpatti, § 5ə 3.

(3) Ms. ग्राहे.

(4) Ms. ग्राहकं.

(5) Ms. सममालम्ब्या°.

(6) Ms. °निवेशतश्च.

(7) Lacune du manuscrit °हानित: ¨¨¨ (fin de la page).

(8) Ms. महामुनेरिति.

इति[1] । तदनेन श्लोकद्वयेन दर्शनमार्गमारभ्योत्तरविशेषगत्या फल[2]-संपत्तिरुद्भाविता विद्यन्निमाचप्रविष्टयोगिनः तत्र ग्राहकचित्ताभावात् । ग्राह्यार्थानुपलम्भाच्च । अचित्तो ऽनुपलम्भो ऽसौ अनुचितत्वात् लोके समुदा[3]-चाराभावात् । निर्विकल्पत्वाच्च लोकादुत्तीर्णमिति ज्ञानं लोकोत्तरं च तदिति । तस्य ज्ञानस्यानन्तरा[4] आश्रयस्य परावृत्तिर्भवतीति चापनार्थमाह । आश्रयस्य परावृत्तिरिति । आश्रयो उच सर्ववीजकमालयविज्ञानं । तस्य परावृत्तिर् या दौष्ठुल्यविपाकद्वयवासनाभावेन निवृत्तौ सत्यां कर्मण्यताधर्मकायाद्वयज्ञानभावेन परावृत्तिः । सा पुनराश्रयपरावृत्तिः कस्य प्रहाणात् प्राप्यते । अत आह । द्विधा दौष्ठुल्यहानितः द्विधेति क्लेशाव-रणदौष्ठुल्यं ज्ञेयावरणदौष्ठुल्यं च । दौष्ठुल्यम् आश्रयस्याकर्मण्यता । तत् पुनः क्लेशज्ञेयावरणयोर् बीजं । सा पुनराश्रयपरावृत्तिः श्रावकादिगतदौष्ठु-ल्यहानितश्च प्राप्यते । यदाह । विमुक्तिकाय इति । बोधिसत्त्वगतदौष्ठुल्यह-नितश्च प्राप्यते । यदाह । धर्माख्यो ऽपि महामुनेरिति द्विधा आव[27ᵇ]-रणभेदेन सोत्तरा निरुत्तरा च आश्रयपरावृत्तित्वात । अत्र गाथा ।

ज्ञेयमादानविज्ञानं द्वयावरणलक्षणं ।
सर्ववीजं क्लेशवीजं बन्धस्तत्र द्वयोर्द्वयोः ॥[5]

इति । श्रावकबोधिसत्त्वयोः । आद्यस्य क्लेशवीजं इतरस्य द्वयाव-रणवीजं तदुद्घातात् सर्वज्ञतावाप्तिर्भवतीति । स एवानास्रवो धात-रिति स एवाश्रयपरावृत्तिरूपः[6] । अनास्रवो धातुरित्युच्यते । निदौ-ष्ठुल्यात् स त्वास्रवविगत इत्यनास्रवः । आर्यधर्महेतुत्वाद् धातुः । हेत्वर्थो ह्याच धातुशब्दः । अचिन्त्यसर्वाकागोचरत्वात् प्रत्यात्मवेद्यत्वात् । दृष्टान्ताभावाच्च । कुशलो विशुद्धालम्बनत्वात् चेमलत्वात् अनास्रवधर्ममय-त्वाच्च । ध्रुवो नित्यत्वात् । अच्यवतया । सुखो नित्यत्वादेव यदनित्यं तद्दुः-खं अयं च नित्य इति । अस्मात् सुखः । क्लेशावरणप्रहाणात् श्रावकाणां विमुक्तिकायः । स एवाश्रयपरावृत्तिलक्षणो धर्माख्यो ऽप्युच्यते । महामुने-र्भूमिपारमितादिभावनया क्लेशज्ञेयावरणप्रहाणात् । आश्रयपरावृत्तिस-मुदागमात् । महामुनेर्धर्मकाय इत्युच्यते । संसार[7] परित्यागात् यदनुपसं-

---

[1] Ms. महामुनेरिति ।

[2] Ms. विशेष----ध्यानसंपत्ति°; texte restauré d'après tib.

[3] Lacune du manuscrit; लोके---चारा° .

[4] Ms. °नन्ताश्रयस्य .

[5] Ms. बन्धस्तत्रद्वयो: ॥ .

[6] Ms. °रूपं .

[7] Le tib. et Vinītadeva lisent संसारपरित्यागात .

क्षेयत्वात्[1] सर्वधर्मविभुत्वलाभतश्च धर्मकाय इत्युच्यते । महामुनेरिति
परममौनेययोगात् बुद्धो भगवान् महामुनिरिति ॥

चिंश्रिकाविज्ञप्तिभाष्यं समाप्तं ॥
क्षतिराचार्यस्थिरमतेः ॥

Katmandou, Baber Mahal,
27 mai 1922.

[1] Ms. °संक्लेश˚˚˚त्वानां.

TABLE DES MATIÈRES.

(Les Index paraîtront avec la traduction, dans le second fascicule.)

IMPRIMERIE NATIONALE. — 1925.

Archivum latinatis medii aevi. Consociatarum academiarum auspiciis conditum. Abonnement. T. II, 1925. **25 fr.**

Atlas linguistique de la France, par J. Gilliéron et E. Edmond, 35 fasc. de 50 cartes chacun. L'ouv. complet. **1000 fr.**

— **Supplément.** 1920, fort vol. in-4 de 300 p. à 3 colonnes. **100 fr.**

— **Table- de l'Atlas linguistique de la France**, gr. in-8 de VIII-519 p. **52 fr. 50**

— **Corse.** Parus : fasc. 1-4 (de 200 cartes chacun). — Le fasc. in-folio. (Avec l'engagement à l'ouvrage complet, 10 fascicules). **37 fr. 50**

Atlas linguistique de la Basse-Bretagne, par P. Le Roux. Avec une introduction de G. Dottin. 1er fasc. **30 fr.**

Bibliothèque de l'École des Hautes Études (section des sciences historiques et philologiques). A publié notamment :

23. Haurvatât et Ameretât. Essai sur la mythologie de l'Avesta, par James Darmesteter. **8 fr.**

28 et 34. Matériaux pour servir à l'histoire de la philosophie de l'Inde, par P. Regnaud, 2 vol. **38 fr.**

57. Vocabulaire vieux-breton avec commentaire, contenant toutes les gloses en vieux breton, gallois, cornique, armoricain connues, précédé d'une introduction sur la phonétique du vieux-breton et sur l'âge et la provenance des gloses, par J. Loth. **20 fr.**

66. Le livre des parterres fleuris. Grammaire hébraïque en arabe d'Abou'l Walid Merwan Ibn Djanah de Cordoue, publiée par Joseph Derenbourg. **50 fr.**

71. Les inscriptions babyloniennes du Wadi Brissa, par H. Pognon, avec 14 pl. **20 fr.**

107. Matériaux pour servir à l'histoire de la déesse buddhique Tarâ, par Godefroy de Blonay. **5 fr.**

114. Étude sur le grec du Nouveau Testament comparé avec celui des Septante. Sujet complément et attribut, par l'abbé Joseph Viteau. **24 fr.**

115. Recherches sur l'emploi du génitif-accusatif en vieux slave, par A. Meillet. **12 fr.**

139. Études sur l'étymologie et le vocabulaire du vieux slave, par A. Meillet (2 parties), 2 volumes. **39 fr.**

146. Le parler de Buividze. Essai de description d'un dialecte lituanien oriental, par R. Gauthiot. **10 fr.**

159 et 190. Asanga. Mahayana Sutralamkara, Exposé de la doctrine du grand véhicule selon le système de Yogacara. Édité et traduit d'après un manuscrit rapporté du Népal, par Sylvain Lévi. 2 fasc. **54 fr.**

209. Étude sur la phonétique historique du Bantou, par L. Homburger. **30 fr.**

Cinquantenaire de l'École pratique des Hautes Études. Mélanges publiés par les directeurs d'études de la section des sciences historiques et philologiques, 1921, in-8, 164-360 p. et 2 phototypies. **60 fr.**

Classiques français du Moyen-Age (Les). Collection de Textes français et provençaux antérieurs à 1500, publiée sous la direction de Mario Roques, directeur de l'École pratique des Hautes-Études, 43 volumes parus. Prospectus sur demande. Vol. in-8.

Dottin (G.). **Manuel pour servir à l'étude de l'antiquité celtique.** in-12, **9 fr.**

—**Manuel d'irlandais moyen.** 1913, 2 vol. **18 fr.**

Ernout (A.). **Le parler de Préneste, d'après les inscriptions.** 1905, in-8. **6 fr.**

— **Recherches sur l'emploi du passif latin à l'époque républicaine.** 1908, in-8. **6 fr.**

— **Les éléments dialectaux du vocabulaire latin.** 1908, in-7. **6 fr.**

Marouzeau (J.). **L'emploi du participe présent latin à l'époque républicaine.** 1916, in-8. **4 fr. 50**

— **Place du pronom personnel sujet en latin.** 1907, in-8. **0 fr. 75**

Revue celtique, dirigée par J. Loth, membre de l'Institut, avec le concours de G. Dottin, E. Ernault et J. Vendryes. T. XLII, 1925. Abonn. annuel : 25 fr. — U. P. **27 fr.**

Revue des études latines, Rédacteur en chef : J. Marouzeau, 3e année, 1925. — Abonnement. 40 fr. — U. P. **45 fr.**

Revue des Études hongroises et finno-ougriennes, par Zoltan Baranyai et Alexandre Eckhardt. 2e année, 1924. Abonnement. **35 fr.**

Romania, fondée par Meyer et G. Paris, publiée par Mario Roques. T. LI. 1925. Abonn. annuel : 35 fr. — U. P. **50 fr.**

A. MEILLET et J. VENDRYES.

TRAITÉ DE GRAMMAIRE COMPARÉE
DES LANGUES CLASSIQUES

In-8 carré, XIV-650 pages.............................. **40 fr.** »